Reinhard Ehret
Philipp Schild

hr3
hr-fernsehen

fünfzig dinge
die ein Hesse wissen muss!

IMPRESSUM

Eine Aktion von hr3 und hr-fernsehen
© Hessischer Rundfunk, Frankfurt
Agentur: hr media Lizenz-
und Verlagsgesellschaft mbH
60320 Frankfurt am Main

 KLARTEXT

© 2013 ZEITGEIST MEDIA GmbH,
40547 Düsseldorf
E-Mail: info@zeitgeistmedia.de

Vertrieb: Klartext Verlag, 45329 Essen
E-Mail: info@klartext-verlag.de

Herausgeber Hubert Bücken
Autoren Reinhard Ehret, Philipp Schild
Redaktion ZEITGEIST MEDIA
Katharina Fleischer, Lara Martín Rodríguez,
Andrea Noetzel-Winking
Gestaltung Marcus Eckhardt
Druck Rehms Druck, Borken

Bildnachweis Seite 160
Alle Angaben ohne Gewähr
ISBN 978-3-8375-1023-2

Inhalt

Weiß ich

Erst scannen, dann gucken

Jedes Kapitel hat einen QR-Code – Quadrate aus schwarzen Strichen und Punkten. Hinter den Codes steckt jeweils ein Weblink zu den passenden „fünfzig dinge ..."-Videos des Hessischen Rundfunks. Mit Handys, Tablet-PCs oder Notebooks mit Kamera und Lesesoftware für QR-Codes (kostenlos aus dem App-Store) kann man sich die Videos aufs Display holen. So geht's: Software öffnen, Code vor die Kamera halten und Videos genießen!

Trendelburg **23**
Hofgeismar

Bad Arolsen
Willingen
Korbach
Waldeck
Kassel **10** **12** **43** Witzen-
31 **46** hausen
40 Eschwege
Fritzlar
Melsungen
Eder-Stausee **30**
Bad Wildungen
Frankenberg (Eder)
Knüllwald
Bebra
Eder
Schwalmstadt
Bad Hersfeld
49 Heringen (Werra)
Lahn
Kirchhain
Stadtallendorf
15 Marburg **6** **32** **38** **45**
Dillenburg
Alsfeld
Rasdorf
Hünfeld **9**
Westerwald
Weimar (Lahn)
39 Gießen
37
Schotten **2**
Fulda
17 Weilburg **1** **28** Wetzlar
19
Nidda
Gersfeld
Gedern
Rhön
Limburg a.d.Lahn **33**
Bad Nauheim
Glauburg Birstein
Steinau an der Straße
Schlüchtern
1 **5**
Neu-Anspach
Rheingau Taunus
Bad Homburg
Ronneburg **12**
21 Kronberg
Bad Vilbel
Gelnhausen
41 **7** **24** **42** Frankfurt
Hanau
Offen-bach
Wiesbaden
Neu-Isenburg
Main
7 **11** **14** **18** **20** **22** **26** **34** **35** **47** **50**
Oestrich-Winkel
Rüssels-heim
Langen
36
8
Rhein
Darmstadt
Odenwald
Lautertal (Odenwald)
44
Reichelsheim (Odenwald)
29
Lorsch
Bensheim
16
Lampertheim
Heppenheim
Viernheim

4

Alles auf einer Karte – das Hessen-Wissen

Die roten Kästchen markieren die Orte in Hessen, an denen Sie mehr über die „fünfzig dinge ... die ein Hesse wissen muss!" erfahren können.

Für manche davon müssen Sie sich nicht auf einen Ort in Hessen festlegen:

1 **3** **4** **13** **22** **25** **27** **34** **48**

Die Zahlen stehen für die Platzierung der wissenswerten Fakten bei der großen Aktion des Hessischen Rundfunks.

Im Inhaltsverzeichnis auf Seite 2 und 3 finden Sie die komplette Rangliste auf einen Blick.

Wir wünschen Ihnen viel Spaß bei Ihrem neuen Hessen-Abenteuer!

Wissen für Hessen

Was muss ein Hesse eigentlich wissen? Das fragten sich auch hr3 und das hr-fernsehen und gaben die Frage an ihre Hörer und Zuschauer weiter. Das Ergebnis ist das ultimative Wissens-Ranking: „fünfzig dinge ... die ein Hesse wissen muss!".

Die hr3-Moderatoren Anna Lena Dörr und Tobias Kämmerer begaben sich für die Hörer und Zuschauer auf die Spur wissenswerter Hessen-Fakten. Im Gespräch mit den Autoren des Buchs erzählt das Moderatoren-Team von Erfahrungen, Überraschungen und Erleuchtungen.

Musstet ihr als „fünfzig dinge ..."-Reporter wieder leiden?

Anna Lena Dörr: Na klar, denn wenn man auf Hessen-Mission ist, sollte man hart im Nehmen sein. Ohne Sattel und „Lenkrad" auf einem hessischen Auerochsen – der Gedanke sorgt bei mir schon für Krampfanfälle und eine feuchte Stirn ... Aber nach dem Einsatz als „fünfzig dinge ..."-Reporterin ist man deshalb mental und physisch gestärkt wie nach einer Pilgerreise.

Tobias Kämmerer: Wer einmal von drei (!) Blutegeln attackiert und von Anna Lena mit einem Feuerwehrmonstertruck gelöscht wurde, weiß was Leiden heißt!

Was war für euch das überraschendste der „fünfzig dinge ..."?

Anna Lena Dörr: Wenn mal der Herd streikt, einfach nach Wiesbaden fahren und im Kochbrunnen kochen! Dass das funktioniert und schmeckt, hätte ich nicht gedacht.

Tobias Kämmerer: Dass es in Frankfurt den größten Internet-Knoten der Welt gibt – fast alles was wir weltweit mailen, bloggen, posten oder als Anhang verschicken rauscht durch Frankfurt.

Anna Lena Dörr: Außerdem habe ich gelernt, wie Tobi unter seinem T-Shirt aussieht (der Mann hat sich für die Hessenhymne nämlich nackig gemacht) und dass er auch ohne Probleme an einem Wet-Shirt-Contest für Braunbären teilnehmen könnte.

Was wünscht ihr euch nach dieser neuen Folge der „fünfzig dinge ..."?

Anna Lena Dörr: Dass die Hessenhymne endlich in aller Munde ist und Tobi und ich damit die Dance-Charts stürmen.

Tobias Kämmerer: Endlich die Aktion „50 Restaurants, in denen ein Hesse gegessen haben muss!"

Auf ihrer Wissens-Reise durch Hessen ging Tobias Kämmerer und Anna Lena Dörr ein Licht auf

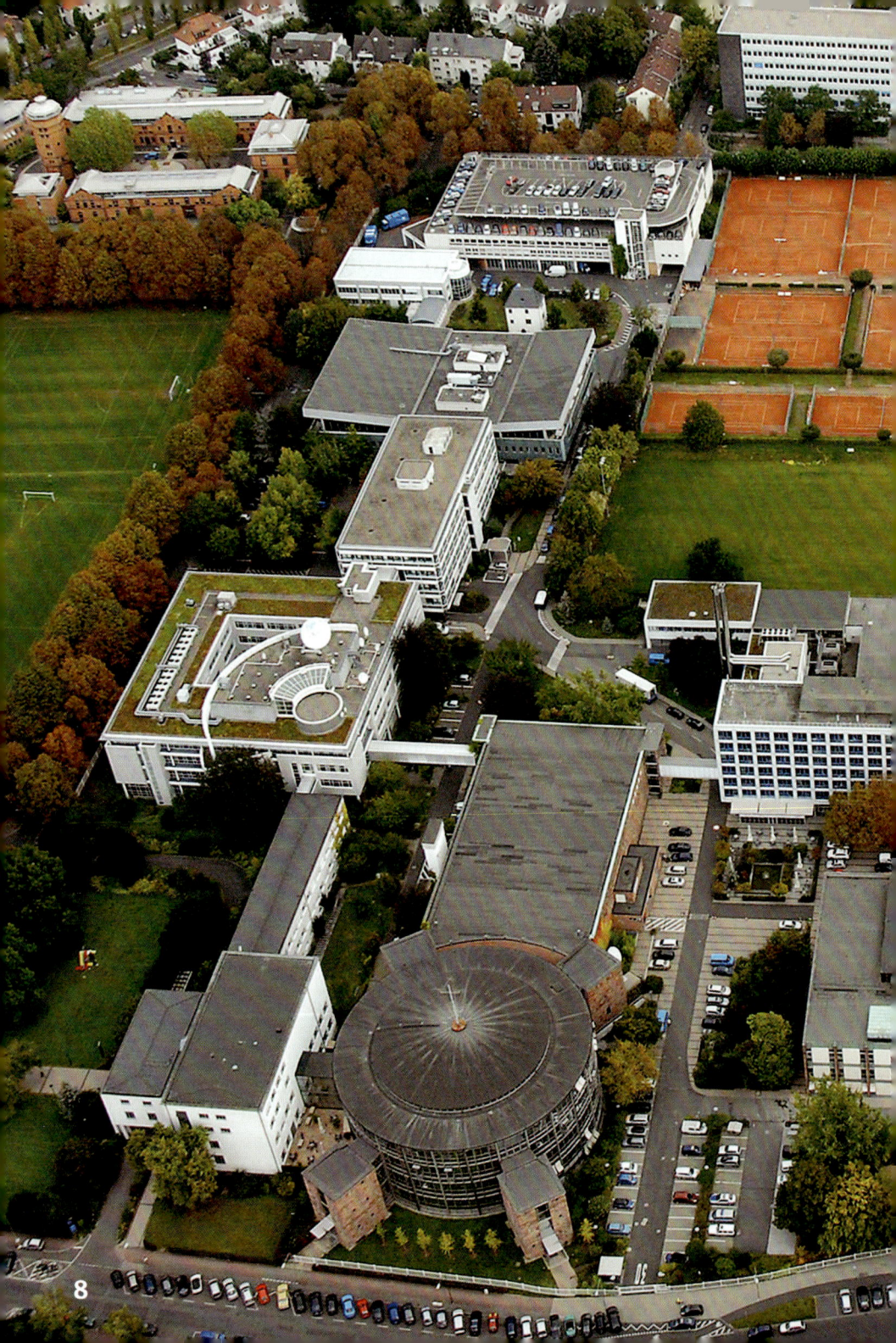

Ein Hesse muss vor allem wissen, wie er den Hessischen Rundfunk erreicht:

Der Hessische Rundfunk (hr) ist die öffentlich-rechtliche Landesrundfunkanstalt aus und für Hessen. Seinen Hauptsitz hat der hr nun seit 1951 in der Bertramstraße in Frankfurt am Main. Das riesige Gelände beherbergt einen Großteil der Produktionsräume. Mit sechs Radioprogrammen und dem hr-fernsehen bietet der hr rund um die Uhr Unterhaltung, Information und Service für die Region. Mehr dazu unter www.hr-online.de

Kontakt:
Zuschauerservice 069-15 55 111
Hörerservice 069-15 55 100

An Hessens Namen sind die Römer schuld

Sie nannten den Germanenstamm Chatten

Friedlich vereint im hessischen Brauch: Römer und Chatte trinken ein Gläschen Äppelwoi

Etwa zur Zeit um Christi Geburt ließ sich im heutigen Nord- und Mittelhessen ein Germanenstamm nieder, von dem man die ursprüngliche Herkunft nicht genau kennt: die Chatten (gesprochen wie „Katten"). Zumindest nannten die Römer diesen kleinen Stamm so, der sich um 10 v. Chr. in den Tälern von Eder, Fulda und Lahn ansiedelte. Durch die Lautverschiebung wurden aus den Chatti dann „Hassi"

richtige hielten und das „Ch" dem germanischen „H" entspricht, können wir der Sache ganz bestimmt unseren uneingeschränkten Glauben schenken.

Der Begriff „Hessi" tauchte im Jahre 738 erstmals in einem Schreiben des Papstes Gregor III. auf, nachdem die Chatten 500 Jahre lang in der Geschichtsschreibung unerwähnt geblieben waren. Zunächst war damit nur ein Teilvolk gemeint, das an der unteren Fulda zu Hause war. Später wurde es zum lateinischen Sammelnamen für alle chattischen Stämme.

Wir wissen heute, dass sich die Römer vor diesen germanischen Barbarenvölkern regelrecht fürchteten und deshalb sicherheitshalber eine riesige Grenzanlage – den Limes – errichteten. Ihr Respekt vor den Chatten, so kann man den Schilderungen römischer Autoren entnehmen, war beachtlich. Zwar seien es blutrünstige und unzivilisierte Krieger gewesen, doch bei Weitem pfiffiger, militärisch deutlich organisierter und geschickter als die meisten anderen ungehobelten, überwiegend unrasierten Germanen. Junge Chatten ließen sich offenbar so lange die Haare wachsen, bis sie über einen getöteten Feind triumphieren konnten. Erst dann rasierten sie sich das bis dahin einer Gottheit geweihte Haar ab und galten als stammeswürdig – und von Eltern und Sippe voll akzeptiert. hr3-Moderator Tobias Kämmerer gibt in diesem Zusammenhang zu, die Haare inzwischen wesentlich kürzer zu tragen als noch vor einiger Zeit. Auf Nachfrage versicherte er aber glaubhaft: „Ich habe keinen Römer getötet, bevor ich mir die Haare abschneiden ließ!"

und später „Hessi" – davon gehen Historiker zumindest mehrheitlich aus. Hundertprozentig ist diese Namensentwicklung zwar nicht nachweisbar, doch da später sogar die Brüder Grimm diese Theorie für die

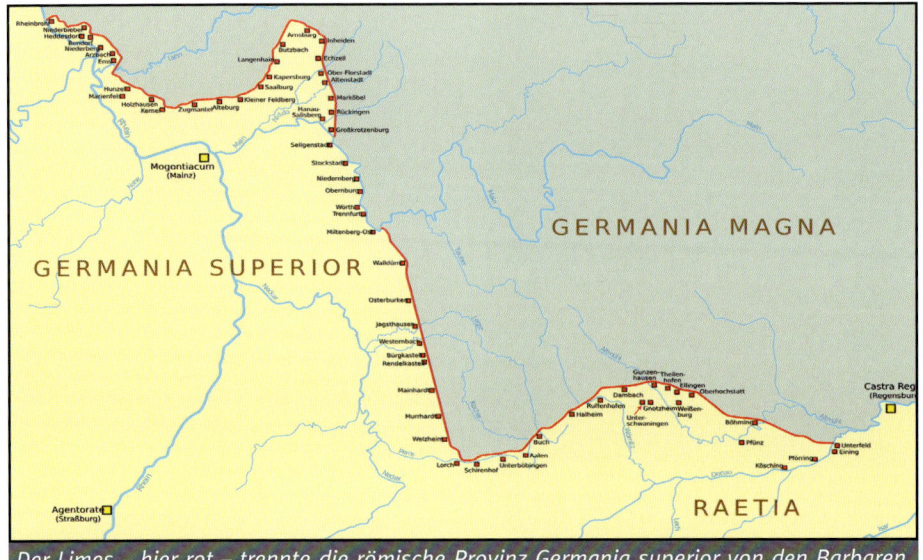

Der Limes – hier rot – trennte die römische Provinz Germania superior von den Barbaren

Es ist ein Glück, dass man heute allein schon durch die Geburt ein ordentlicher Hesse werden kann und andere Wege hat, die Verwandtschaft von sich zu beeindrucken. Man muss heute auch nicht mehr zwingend einen eisernen Ring tragen und sich die Haare rot färben, wie das einige Chatten wohl taten. Das mit dem roten Haartöner fanden die Römer übrigens so großartig, dass der „spuma chattica" (chattischer Haarfärbeschaum) zum wertvollen Handelsgegenstand gedieh. Jetzt müssen wir Hessen die Italiener nur noch davon überzeugen, dass wir auch den besseren Wein haben …

ZUM FILM

Vom T zum S

In der deutschen Sprache findet sich eine ganze Reihe Wörter neben „Chatten" und „Hessen", bei denen ebenfalls aus dem germanischen T ein hochdeutsches S geworden ist: e**t**en und e**ss**en, da**t** und da**s**, wa**t**ar und Wa**ss**er … Diese Beispiele machen auch die gemeinsamen Sprachwurzeln von Deutsch und Englisch deutlich.

Weitere Beispiele für Konsonantenveränderung vom Germanischen zum Hochdeutschen sind P zu F (Schi**pp** – Schi**ff**, sla**p**en – schla**f**en), K zu CH (i**k** – i**ch**, ma**k**en – ma**ch**en) oder T zu Z (**T**ied – **Z**eit, **t**ellen – **z**ählen). Forscher nennen das übrigens „Zweite bzw. Hochdeutsche Lautverschiebung" (die „Erste Lautverschiebung" beschreibt den Wandel vom Indoeuropäischen zum Germanischen).

Hessische Geschichte(n)

Oberhessisches Museum
Das Museum erstreckt sich auf drei Standorte. Das **Alte Schloss** beherbergt die Gemäldegalerie und die Abteilung Kunsthandwerk, im **Wallenfels'schen Haus** sind die Abteilung für Vor- und Frühgeschichte, Archäologie und Völkerkunde untergebracht und im **Leib'schen Haus** finden Besucher alles rund um Stadtgeschichte und Volkskunde. Weitere Informationen auch auf www.giessen.de:

Leib'sches Haus
Georg-Schlosser-Straße 2, 35390 Gießen, Tel.: 0641-3012448

Altes Schloss
Brandplatz 2, 35390 Gießen, Tel.: 0641-9609730

Wallenfels'sches Haus
Kirchenplatz 6, 35390 Gießen, Tel.: 0641-3012037

Preise: Eintritt frei

Geöffnet: Di-So 10-16 Uhr

Heimatmuseum Wanfried
Im Keudellschen Schloss gibt es Einblicke in die Siedlungsgeschichte der Region und in die Wanfrieder Stadtgeschichte.

Marktstraße 2, 37281 Wanfried, Tel.: 05655-8052, www.wanfried.de

Preise: 3 Euro, Kinder/Jugendliche (8-18) 1,50 Euro

Geöffnet: März-Okt. Sa 15-17 Uhr, So 10-20 Uhr, Nov.-Feb. geschlossen, weitere Termine und Gruppenführungen nach Vereinbarung

Römerkastell Saalburg
Archäologischer Park Saalburg 1, 61350 Bad Homburg
Tel.: 06175-93740 (Mo-Fr 10-14 Uhr), www.saalburgmuseum.de

Preise: 5 Euro, erm. 3,50 Euro, Kinder/Jugendliche (6-18) 3 Euro,
Kinder (bis 5) Eintritt frei

Geöffnet: März-Okt. täglich 9-18 Uhr, Nov.-Feb. Di-So 9-16 Uhr, Museumscafé TABERNA März-Okt. täglich 10-18 Uhr, Nov./Dez./Feb. Di-So 12-16 Uhr, Jan. geschlossen

Mehr zu Hessens Vergangenheit
Lehrreiches gibt es auch beim Hessischen Landesamt für geschichtliche Landeskunde (www.hlgl.hessen.de). Einen geschichtlichen Abriss kann man auch auf www.hessen.de oder www.kulturportal-hessen.de nachlesen.

Am Vogelsberg glüht keine Lava mehr, sondern nur noch die Abendsonne

Hessen besitzt Europas größtes Vulkangebiet

Aber keine Sorge, der Vogelsberg ist erloschen

Wiesen, Weiden, Wälder und Weite – so kennen wir den Vogelsberg mit seinen malerischen Tälern und kleinen Wasserläufen. Die herrliche Ruhe lädt den gestressten modernen Menschen zum Wandern und Entspannen ein. hr3-Moderatorin Anna Lena Dörr weiß, dass das mal anders war: „Kaum zu glauben, dass es genau hier mal ziemlich heiß gebrodelt hat!" Das hat es – und zwar in unvorstellbarem Ausmaß. Da war von Ruhe keine Spur. Zehn Millionen Jahre lang spuckten zahlreiche Schlote heiße Lava: Der Vogelsberg ist nämlich nicht ein großer Vulkan – er besteht aus vielen einzelnen, die sich überlagern. Heute ist das Gelände mit 2.500 Quadratkilometern Fläche das größte zusammenhängende Vulkangebiet Mitteleuropas. Die im Laufe der Zeit an die Oberfläche geschleuderte Lavadecke wurde insgesamt bis zu 700 Meter dick. Das Resultat ist eine Landschaft, die in ganz Europa ihresgleichen sucht. Sie hat sich zwar durch Erosion und Eiszeit wieder glatt geschliffen, aber der harte Basalt blieb erhalten.

Wer also weiß, was hier vor sieben Millionen Jahren los war, kann im Vogelsberg auf eine hoch spannende Spurensuche gehen und erkennt die Überbleibsel der riesigen und wilden Vulkanlandschaft. So sind auch die vielen Kuppen zu erklären, die man hier entdecken kann und auf denen später oft Ortschaften erbaut wurden. Das hr-fernsehen hatte bei seinen Dreharbeiten die Geologin Kerstin Bär mit dabei, die sich auf die Besonderheiten der Region spezialisiert hat. Was der Laie

beim Umherstöbern dort höchstens als einen ungewöhnlichen und glitzernden Stein erkennt, identifizierte sie als ein Stück Erdmantelgestein aus 40 bis 60 Kilometern Tiefe: „Ein Gestein, an das wir überhaupt nicht kämen, wenn es nicht vom Vulkan nach oben gebracht worden wäre."

Auch wenn man keinen Geologen dabeihat, entdeckt man beim Wandern und Erforschen bizarre Felsformationen, die wie kantige Säulen oder gespenstische Gesteinswände aussehen. Aus einstigen Lavaseen und zähflüssiger Magma entstanden plattenähnliche Formationen, in denen man die Fließstruktur der heißen Masse noch erkennen kann. Zwar ist der Großteil des Vulkangesteins im Laufe der Jahrmillionen weggespült und verwittert, aber der knapp 700 Meter hohe Bilstein ist noch ein sehr deutliches Relikt aus dieser

Basaltblöcke wie die „Spitzen Steine" zeugen von einstiger Vulkanaktivität

Zeit: Der mächtige Basaltfelsen macht die frühere Explosivität fast noch spürbar. Heute gilt der Vogelsberg als das größte geschlossene Basaltmassiv in ganz Europa. Wer sich selbst auf prähistorische Spurensuche begeben und den vulkanischen Ursprung der Region erkunden will, hat dazu immer wieder Gelegenheit. Es werden Führungen und Besichtigungen mit fachkundigen Geologen angeboten. Doch die Wissenschaftler sind sich in einem Punkt einig: Der Vogelsberg hat noch längst nicht alle Geheimnisse vergangener Zeiten preisgegeben. Manche behält er vielleicht ewig für sich.

ZUM FILM

Zum Teufel

Früher war der Vogelsberg eine wilde Region, um die sich viele Sagen und Mythen ranken. Meist handeln die Geschichten vom Teufel, sodass auch manches in der Region nach ihm benannt wurde, z. B. die Teufelsmühle in Ilbeshausen-Hochwaldhausen und die nahe gelegenen Basaltbrocken Teufelskanzel und Teufelstisch.

Hier ging es heiß her

Zehn Millionen Jahre lang war der Vogelsberg aktiv. Seit sieben Millionen Jahren ist im Inneren Ruhe eingekehrt. Eiszeit, Erosion und Verwitterung haben in der Zwischenzeit Basaltschichten abgeschliffen und so eine außergewöhnliche Landschaft geschaffen.

Weitere Informationen zum Vulkan Vogelsberg, zu geführten Besichtigungen, Wanderungen und Ausflugszielen gibt es bei Region Vogelsberg Touristik:

Tel.: 06044-964848, Mail: info@vogelsberg-touristik.de, www.vogelsberg-touristik.de

Naturpark Hoher Vogelsberg
Zahlreiche Wanderwege, Führungen und Naturerlebnispfade bietet der Naturpark Hoher Vogelsberg. Wanderkarten, Prospekte und Informationen sind vor Ort im Naturpark-Informationszentrum erhältlich und auch Führungen können hier gebucht werden:

Auf dem Hoherodskopf (nach Einfahrt auf den Parkplatz rechts)
63679 Schotten, Tel.: 06044-9669330
Mail: hoherodskopf@tourist-schotten.de, www.naturpark-hoher-vogelsberg.de

Geöffnet: Mai-Okt. täglich 10-17 Uhr, Nov.-April Mo-Fr 11-17 Uhr, Sa/So und Feiertage 10-17 Uhr

Vulkanradweg
Er ermöglicht die rollende Erkundung der eindrucksvollen Landschaft.
Auf 94 Kilometern schlängelt sich der Weg durch die Mittelgebirgslandschaft und bietet Radlern, Inlinern und allen Sportlern auf Rädern herrliche Ausblicke.
Infos auf www.vulkanradweg.de

Hessen ist das wald-reichste Bundesland

Der Stoff, aus dem die Märchen und Sagen sind

Der unendlich tiefe Frau-Holle-Teich im Naturpark Meißner-Kaufunger Wald

Manche fürchten sich im Wald und müssen pfeifend hindurchgehen, um sich Mut zu machen. hr3-Moderator Tobias Kämmerer meinte dazu absolut überzeugend: „Ich nicht!" – Eigenen Angaben zufolge gehört er zu denen, die sich darin geborgen fühlen und sich gefangen nehmen lassen von der besonderen Ausprägung der Natur. Wieder andere genießen die Stille, die es eben nur im Wald gibt. Egal welche Meinung wir zum Wald haben – er ist für uns alle einfach unverzichtbar und von kaum einschätzbarem Nutzen. Beispielsweise reduziert er die Umweltbelastungen, sorgt für das Gleichgewicht des Wasserkreislaufs und schützt vor Naturkatastrophen.

42 % Hessens sind Waldgebiete: Odenwald, Spessart, Rhön, Vogelsberg, Taunus, Westerwald und Weserbergland. Abgesehen von der guten Luft hat Hessen damit auch einige der wichtigsten Schauplätze berühmter Märchen und Sagen. Schließlich ist der Wald untrennbar mit mystischen Erzählungen und gespenstischen Geschichten verbunden.

So hat im Odenwald kein Geringerer als Siegfried seine Spuren hinterlassen. Vor

Zauberhaft: die Farben des Waldes leuchten zu jeder Jahreszeit anders

über 1.600 Jahren soll ihn hier Hagen von Tronje aus Rachegelüsten ermordet haben. An der einzigen verwundbaren Stelle auf Siegfrieds Rücken traf der tödliche Speer. Im Reinhardswald – auf der nordhessischen Seite des Weserberglandes – liegt das weltberühmte Dornröschenschloss: die Sababurg. Sie soll im 19. Jahrhundert tatsächlich derart verwildert gewesen sein, dass eine undurchdringliche Dornenhecke um sie herum wuchs. Und im Naturpark Meißner-Kaufunger Wald ist Frau Holle zu Hause. Der dortige Frau-Holle-Teich soll der Sage nach unendlich tief und der Eingang zu ihrem unterirdischen Reich sein. Eine über drei Meter große Statue der geheimnisvollen Sagengestalt macht den Teich besonders romantisch.

Das Land Hessen achtet sehr auf die Pflege des Waldbestandes. In 31 Naturwaldreservaten – über ganz Hessen verteilt – darf weder Holznutzung betrieben noch dürfen Pilze gesammelt werden. Außer der Jagd, die einen zu großen Wildbestand verhindert, soll dort die Natur so ungestört wie möglich bleiben. Die sogenannten „Bannwälder" von heute sind die Urwälder von morgen.

Deshalb hält man sich von diesen Gebieten als Erholungsuchender am besten fern und beschreitet lieber einen der zahllosen Waldwanderwege, um einfach mal wieder Ruhe und vor allem Sauerstoff zu tanken. Fazit von Tobias Kämmerer: „Der Spruch ‚Ich glaub, ich steh im Wald' muss ergo nicht zwangsläufig negativ sein!"

ZUM FILM

Waldanteile in Deutschland

1. Hessen ....42 %
2. Rheinland-Pfalz ....42 %
3. Saarland............................39 %
4. Baden-Württemberg...........38 %
5. Bayern ....36 %
6. Berlin und Brandenburg.....35 %
7. Thüringen...........................32 %
8. Sachsen..............................28 %
9. Nordrhein-Westfalen ....26 %
10. Niedersachsen/ Hamburg/Bremen..............24 %
11. Sachsen-Anhalt....................24 %
12. Mecklenburg-Vorpommern..23 %
13. Schleswig-Holstein ....10 %

Deutschland insgesamt ....31 %

Quelle: Schutzgemeinschaft Deutscher Wald, www.sdw.de

Im Wald stehen ⓘ

Naturpark Meißner-Kaufunger Wald
www.naturpark-mkw.de

Odenwald Tourismus
Tel.: 06061-965970
www.odenwald.de

Tourist-Info Märchenland Reinhardswald
Tel.: 05671-5070400
www.reinhardswald.de

Urwald und Dornröschenschloss Sababurg
Tel.: 05671-8080
www.sababurg.de

Die Hymne der Hessen ist vor Verunglimpfung geschützt – aber nicht vor schiefem Gesang

„Ich kenne ein Land" ist Hessens Hymne

Wie das Lied weitergeht, muss jeder Hesse wissen

Seit den 1980er Jahren könnten viele Hessen meinen, der Megahit der Rodgau Monotones „Die Hesse komme!" sei die offizielle Hymne unseres Bundeslandes geworden. So herrlich hessisch dieser Song auch rockt – es stimmt nicht ganz. Denn das richtige „Hessenlied" ist mehr als nur eine gewöhnliche Regionalhymne. Es wird sogar durch das Strafgesetzbuch (§ 90a) geschützt. Man darf es demnach nicht verunglimpfen oder lächerlich machen, sonst drohen Sanktionen; in schlimmen Fällen bis zu drei Jahren Freiheitsentzug. Fehlendes Gesangstalent wird glücklicherweise nicht geahndet.

Entstanden ist das Hessenlied schon zur Kaiserzeit. Die Melodie komponierte Albrecht Brede (1834-1920), ein in Besse bei Fritzlar geborener Organist, der ab 1869 in Kassel als Musiklehrer wirkte. Der Text kursiert in unterschiedlichen Variationen, wie das bei vielen Regionalhymnen der Fall ist. Ganz sicher stammt er aber von Carl Preser (1828-1910), einem zu seinen Lebzeiten verhältnismäßig bekannten Lyriker. Zur ersten prominenten Aufführung kam es erst anlässlich der Tausendjahrfeier Kassels. Bei einem spektakulären Festwochenende vom 27. bis 29. September 1913 sangen es 8.000

Schülerinnen der Stadt dreistimmig auf dem Friedrichsplatz.

In der breiten Öffentlichkeit Hessens nahm man das hymnische Werk allerdings erst in der Weimarer Republik so richtig wahr. Dann wurde es allmählich sogar in Schul- und Liederbücher aufgenommen. Doch erst in den 1950er Jahren avancierte „Ich kenne ein Land" zur offiziellen Hymne. Georg August Zinn, SPD-Politiker und von 1950 bis 1969 hessischer Ministerpräsident, setzte sich sehr für das Hessenlied ein. Es lag ihm am Herzen, dass das nach dem Zweiten Weltkrieg neu formierte Hessenland zusammenhält und seine Bürger ein echtes Ge-

meinschaftsgefühl entwickeln. In der Landesverfassung wird die Hymne jedoch nicht erwähnt. Vielleicht ist das die Ursache dafür, dass das Hessenlied bis heute noch nicht in aller Munde ist und bei vielen als etwas angestaubt gilt.

Die hr3-Moderatoren Anna Lena Dörr und Tobias Kämmerer sahen sich deshalb umso stärker aufgefordert, der Hymne neuen Schwung zu verleihen und sie zeitgemäß zu interpretieren. Sie wurde in ein modernes Pop-Arrangement gepackt und war somit hervorragend für eine Musikvideo-Produktion geeignet. Tobi befürchtete nur: „Hoffentlich müssen wir nicht in den Knast, denn so gut singen wir jetzt auch wieder nicht!" Anna Lenas Meinung dazu: „Wenn, dann wird Tobi eingebuchtet. Ich möchte trotzdem ausdrücklich darauf hinweisen, dass wir eigentlich beabsichtigt haben, der Hymne zum verdienten Ruhm zu verhelfen und nicht, sie zu verunglimpfen!" Eine Hörprobe hiervon gibt es übrigens im Film (siehe QR-Code). Hoffentlich war den beiden auch klar, dass diese Produktion eine absolut historische Dimension hat, denn nun muss wirklich jeder Hesse wissen, wie seine Hymne geht.

ZUM FILM

„Ich kenne ein Land"

Ich kenne ein Land, so reich und so schön,
voll goldener Ähren und Felder,
dort grünen im Tal bis zu sonnigen Höhn
viel dunkele, duftige Wälder.

Dort hab ich als Kind an der Mutter Hand
in Blüten und Blumen gesessen.

Ich grüß' dich, du Heimat, du herrliches Land.
Herz Deutschlands, mein blühendes Hessenland.

Vom Main bis zur Weser, Werra und Lahn
ein Land voller blühender Auen,
dort glänzen die Städte, die wir alle sahn,
sind herrlich im Lichte zu schauen.

Dort hab ich als Kind an der Mutter Hand
in Blüten und Blumen gesessen.

Ich grüß' dich, du Heimat, du herrliches Land.
Herz Deutschlands, mein blühendes Hessenland.

Text: Carl Preser/Melodie: Albrecht Brede (um 1910)

Hessen-Töne

Das original Hessenlied kann man sich vom Bürgerbüro der Hessischen Landesregierung kostenlos auf CD zuschicken lassen (Tel.: 0180-1030300; 4,6 Cent aus d. Festnetz d. Telekom)

Das Telefon wurde in Friedrichsdorf erfunden

Ein Bäckersohn entwickelte 1861 den Urapparat

Zwischen den Apparaten von Philipp Reis und den heutigen Handys liegen noch Welten

Friedrichsdorf hat 25.000 Einwohner und liegt im Hochtaunuskreis, direkt vor den Toren Frankfurts. Vor anderthalb Jahrhunderten war hier das alles dominierende Zentrum der deutschen Zwiebackproduktion. Zwieback galt seinerzeit als besonders schick und verkaufte sich wie geschnitten Brot. Dass aus einer dort ansässigen Zwiebackdynastien die Babynahrungsfirma „Milupa" entstand, ist schon mal gut zu wissen. Die ganze Welt sollte aber eine andere Friedrichsdorfer Geschichte bewegen: die des genialen Physikers Philipp Reis, dem eigentlichen Erfinder des Telefons.

Aber hieß der Erfinder nicht Alexander Graham Bell? Falsch. Der Amerikaner war zwar so pfiffig, sich den Fernsprechapparat patentieren zu lassen und ihn zur Marktreife weiterzuentwickeln, aber die Telefoniererei an sich geht zweifellos auf Philipp Reis zurück. Der am 7. Januar 1834 in Gelnhausen geborene Bäckersohn begann schon als Jugendlicher mit physikalischen Studien, die ihn zeitlebens nicht mehr loslassen sollten. Wie besessen war er von der Idee, Sprache auf elektrische Weise übertragen zu können. Im zarten Alter von 26 Jahren gelang es ihm tatsächlich,

> „einen Apparat zu erfinden, durch welchen es möglich wird, die Funktionen der Gehörwerkzeuge klar und anschaulich zu machen, mit welchen man aber auch Töne aller Art durch den galvanischen Strom in beliebiger Entfernung reproduzieren kann. – Ich nannte das Instrument ‚Telefon'".

(aus Phillip Reis' Lebenslauf)

Der Prototyp war eine ziemlich simple Konstruktion aus einem Draht, einer Stricknadel und einem Stück Wursthaut. Letztere hatte die Funktion eines nachempfundenen Trommelfells. Ob sich Herr Reis den Wurstinhalt auf einer Friedrichsdorfer Zwiebackschnitte hatte schmecken lassen, ist nicht überliefert. Sicher ist aber, dass er am 26. Oktober 1861 im Physikalischen Verein zu Frankfurt einen Vortrag hielt, um stolz seine Erfindung zu präsentieren. Mit der Bezeichnung „Telefon" schuf er zudem einen Begriff, der wie seine Erfindung um die ganze Welt ging und wohl ewig Bestand haben wird. Interesse zeigte damals allerdings niemand an Reis' genialer Erfindung! Im Gegenteil. Seine aberwitzige Konstruktion wurde von deutschen Wissenschaftlern nur belächelt. Auch der russische Zar Alexander II. und der österreichische Kaiser Franz Joseph, denen Philipp Reis seine Erfindung vorführte, wussten damit nichts anzufangen. Ein „Telefon"? Wozu sollte das gut sein?

Der Amerikaner Alexander Graham Bell hatte da eine ziemlich genaue Vorstellung und verdiente mit seiner Weiterentwicklung Millionen. Noch vor dem Siegeszug seiner Erfindung starb Reis bereits im Alter von 40 Jahren 1874 an Lungentuberkulose. Über zehn Jahre lang hatte er versucht, das Gerät zum weltweiten Verkaufsschlager zu machen, aber die Welt war wohl noch nicht reif dafür. Erst viel später wurde der Menschheit klar, welch großartiges Wunderwerk dieser Friedrichsdorfer Lehrer da in die Welt gesetzt hatte. Seine Witwe Margarethe bekam ab 1888 sogar „eine fortlaufende Beihülfe von 1.000 Mark jährlich aus dem allerhöchs-

Er legte den Grundstein für die bahnbrechende Erfindung: Philipp Reis aus Friedrichsdorf

ten Dispositionsfond bei der Reichshauptkasse" zugesprochen.

Zu einem Besuch in Friedrichsdorf gehört deshalb absolut unbedingt ein Abstecher ins Philipp-Reis-Haus in der Hugenottenstraße. Dort wird erst so richtig klar, was für ein cooler Tüftler das war. Denn so ganz nebenbei erfand er auch Rollschlittschuhe, die Vorläufer der heutigen Inline-Skates. Sogar eine frühe Form des Fahrrads geht auf seine Kappe. Wer weiß, was Philipp Reis sonst noch alles entwickelt hätte, wenn er nicht schon so früh gestorben wäre. Doch der Ruhm des Telefonerfinders bleibt ihm. Mitunter sind zwar Behauptungen zu vernehmen, der Fernsprecher sei in den USA, in Italien oder sogar in Russland erfunden worden, aber das sollte niemanden irritieren. Denn (nicht nur) jeder Hesse weiß spätestens jetzt : Philipp Reis erfand 1861 das Telefon in Friedrichsdorf.

ZUM FILM

Stille Post

„Das Pferd frisst keinen Gurkensalat" und „Die Sonne ist von Kupfer" – diese eigenartigen Sätze machten Philipp Reis vor über 150 Jahren bei einer Vorstellung des Fernsprechers berühmt. Warum? Um bei der Vorführung zu beweisen, dass Zuhörer und Sprecher sich nicht abgesprochen hatten, sondern sich tatsächlich über Fernsprecher verständigen konnten, verwendeten sie Fantasiesätze wie diese. Philipp Reis verstand übrigens nicht genau, was das Pferd eigentlich gefressen hatte, und er verstand auch, die Sonne sei aus Zucker – trotzdem glaubte ihm das beeindruckte Publikum, dass sein Apparat funktionierte.

Die Wiege des Telefons

Philipp-Reis-Haus
Hugenottenstraße 93, 61381 Friedrichsdorf, Tel.: 06007-918628

Preise: Eintritt frei

Geöffnet: Di+Do 9-16 Uhr, Führungen nach Vereinbarung

Weitere Informationen und aktuelle Veranstaltungen unter www.friedrichsdorf.de

Das Haus der Familie Reis beherbergt heute das Museum

Der Mann, der die Welt von zwei Krankheiten befreite: Emil von Behring um 1906

Ein Marburger Arzt heilte die Welt ...

... zumindest von Diphtherie und Tetanus

Emil von Behring (1854-1917) war gebürtiger Westpreuße, studierte in Berlin Medizin und ging als Bakteriologe und Serologe in die Weltgeschichte ein. Während seiner Tätigkeit als Militärarzt in Posen beschäftigte er sich besonders intensiv mit Hygiene und der damit verbundenen Seuchenvorbeugung. Als Assistent von Robert Koch im Institut für Hygiene in Berlin gelang ihm schon 1890 die erste Veröffentlichung über ein Heilserum gegen Diphterie, die gefährliche Infektion der Atemwege, und Tetanus, den lebensbedrohlichen Wundstarrkrampf. Bald konnte er erste Heilungserfolge durch das aus Scha-

fen gewonnene Serum verzeichnen. Doch verfügte er nicht über die Produktionsmöglichkeiten der Seren, die gegen die beiden bis dahin untherapierbaren Infektionskrankheiten großflächig einsetzbar gewesen wären.

Das hessische Chemie- und Pharmaunternehmen Farbwerke Hoechst erkannte 1892 das Potenzial Behrings und seiner serologischen Entdeckungen und gewann ihn für eine Zusammenarbeit. Ab 1894 konnte man bereits ein Diphtherieserum auf den Markt bringen, was einer absoluten Weltsensation gleichkam. Der Ruf an die Universität Marburg als Chef des Hygienischen Instituts erfolgte im Jahre 1895, 1904 gründete er ein eigenes Unternehmen. Die Farbwerke ermöglichten Behring die Einrichtung eines Privatlaboratoriums am Marburger Schlossberg.

1901 erhielt Behring in Stockholm den allerersten „Nobelpreis für Medizin" und wurde in den Adelsstand erhoben. 1904 rief er die Behringwerke ins Leben, die zehn Jahre später durch die Produktion des Tetanusimpfstoffs bei der Verarbeitung der Schrecken des Ersten Weltkrieges eine wichtige Rolle spielten. Zahllose verwundete Soldaten konnten durch das Serum gerettet werden.

Emil von Behring wurde durch die Bedeutung und den Erfolg seiner Seren ein reicher Mann. Doch das Ende des Ersten Weltkrieges erlebte er nicht mehr. Bereits im Alter von 63 Jahren erlag er den Folgen einer Lungenentzündung. Später wurde bekannt, dass er jahrelang unter schweren Depressionen zu leiden hatte. Die Behringwerke in Marburg standen hingegen erst am Anfang einer jahrzehntelangen Erfolgsgeschichte. Phasenweise gehörten sie mit ihren Marburger Standorten im Görzhäuser Hof und dem Hauptwerk im Stadtteil Marbach zu den größten Impfstoffherstellern der Welt. Ab 1952 gehörten die Behringwerke zur Hoechst AG und wurden 1997 in verschiedene Unternehmen aufgeteilt. Heute sind am „Standort Behringwerke" 14 Firmen ansässig, zu denen CSL Behring, Novartis Vaccines und Siemens gehören. Jeder Hesse merke sich also: Die industrielle

ZUM FILM

Produktion der lebensrettenden Seren gegen Diphtherie und Tetanus begann in Hessen und gelangte von Marburg aus zum weltweiten Erfolg.

Führungen und Forschung

Die Stadt Marburg bietet **(Gruppen-) Führungen** an, die die Wirkungsstätten Behrings zeigen und über die Zeit des Forschers in Marburg zwischen 1895 und 1917 informieren.

Marburg Tourismus und Marketing
Abteilung Gästeführung
Tel.: 06421-991223
Mail: gaestefuehrungen@marburg.de
www.marburg.de/mtm

Preise: 56-80 Euro (Zuschlag für Fremdsprachen und Sonn- und Feiertage 8 Euro)

Zeiten: Anmeldung 14 Tage vor dem gewünschten Termin per E-Mail oder telefonisch

Das Behring-Archiv
Das Archiv steht Wissenschaftlern und Interessierten für historische und medizinhistorische Forschungen zur Verfügung.

Standort Behring-Archiv
Bahnhofstraße 7
35037 Marburg
Tel.: 06421-2867011
www.uni-marburg.de/behring-digital

Geöffnet: nur nach Vereinbarung

Darum ist Wiesbaden hessische Hauptstadt

Für Frankfurt gab es andere Pläne

Früher saßen hier Herzöge, heute tagt der Landtag: das Nassauer Stadtschloss in Wiesbaden

Dass der Hessische Rundfunk in der Frankfurter Bertramstraße zu Hause ist, wissen viele Hessen. Doch manche wird es überraschen, dass dort eigentlich schon ein Plenarsaal für den Deutschen Bundestag gebaut wurde. Frankfurt spielte bei der Entscheidungsfindung für die Hauptstadt der 1949 neu gegründeten Bundesrepublik eine wichtige Rolle. Kassel und Stuttgart hatten sich zwar auch beworben, aber in der Endphase ging es nur noch um das von Konrad Adenauer und einem Großteil der Unionsfraktion favorisierte Bonn am Rhein und um das von der SPD bevorzugte Frankfurt am Main.

Es ist bekannt, dass Adenauer unter allen Umständen das heimische Bonn als Bundeshauptstadt haben wollte – zum einen aus lokalpatriotischen Gründen, zum anderen aber auch, um mit der Auswahl einer kleineren Stadt zu demonstrieren, dass es sich bei dieser Entscheidung um ein Provisorium handelte. Eine Großstadt hätte für seine Begriffe zu stark den Eindruck erweckt, die Bundesrepublik fände sich mit der Teilung Deutschlands ab.

Die Befürworter Frankfurts verwiesen auf die deutschlandhistorische Bedeutung der Stadt, aber natürlich auch auf ihre wirtschaftliche Bedeutung und geografische Lage. Augenzeugen berichteten, kurz vor der Hauptstadtentscheidung seien einige Unions-Abgeordnete ins Frankfurt-Lager übergewechselt. In einer Probeabstimmung sollen nur 21 von 27 Stimmen an Bonn gegangen sein. Deshalb beschwor Adenauer seine Parteifreunde, dem politischen Gegner diesen Triumph nicht zu ermöglichen und für Bonn zu stimmen. In Kenntnis dieser

Probeabstimmung soll bereits der Frankfurter Oberbürgermeister Walter Kolb eine Dankesrede fürs Radio aufgenommen haben. Die Chancen für die hessische Stadt standen günstig.

Um diese Chancen nicht zu gefährden, musste eines klar sein: Frankfurt könnte nicht Bundeshauptstadt und Landeshauptstadt gleichzeitig sein. Deshalb wurde die Verfügung der US-Militärregierung festzementiert, dass Wiesbaden hessische Hauptstadt sein müsse. Die Amerikaner hatten die kaum zerstörte schöne Großstadt bereits Ende März 1945 besetzt. General Dwight D. Eisenhower schaffte sehr rasch klare Verhältnisse und erklärte Wiesbaden zur Hauptstadt des neu gegründeten „Groß-Hessen". Es mag auch noch weitere historische Gründe gegeben haben, aber man geht

Das sollte das Parlament der Bundeshauptstadt werden – heute sitzt hier in Frankfurt der hr

heute stark davon aus, dass die Entscheidung gegen Frankfurt und für Wiesbaden eine allein amerikanische war. Am 1. Dezember 1946 nahmen die Hessen per Volksabstimmung die neue hessische Verfassung an, in der nichts über eine Hauptstadt geregelt war. So blieb es bei der bisherigen Hauptstadt. Und die bald beginnende Debatte um die Bundeshauptstadt manifestierte die Entscheidung umso stärker.

Aus diesem Grund ist Wiesbaden heute die Landeshauptstadt von Hessen. Und so kam es auch zur Adresse des Hessischen Rundfunks in der Frankfurter Bertramstraße, denn der Plenarsaal war obsolet und der Hessische Rundfunk brauchte schließlich ein Zuhause. Das Funkhaus befindet sich bis zum heutigen Tag dort.

ZUM FILM

Zwei bedeutende Städte

Wiesbaden
Im Hessischen Landtag kann man Landespolitik hautnah erleben.
Schlossplatz 1-3
65183 Wiesbaden
Tel.: 0611-3500
www.hessischer-landtag.de

Nach Voranmeldung sind Besichtigungen von Plenarsaal und Nassauer Stadtschloss möglich und sogar der Besuch einer Plenarsitzung. Samstags finden aber auch öffentliche Führungen statt, die um 15 Uhr am Haupteingang beginnen.
Anmeldung beim Besucherservice Tel.: 0611-350294, Mail: besucher@ltg.hessen.de

Tourist-Information Wiesbaden
Wenn Sie unsere schöne Landeshauptstadt ein bisschen besser kennenlernen möchten: Informationen rund um Wiesbaden finden Sie bei der Tourist-Information (Marktplatz 1, Mo-Fr 10-18 Uhr, Sa 10-15 Uhr, April-Sept. zusätzlich So 11-15 Uhr) unter Tel.: 0611-1729930 oder auf www.wiesbaden.de.

Frankfurt
Das Parlament, das schließlich ein Funkhaus wurde, liegt im Stadtteil Dornbusch.
Bertramstraße 8
60320 Frankfurt am Main
www.hr-online.de

Der hr bietet in Frankfurt und Kassel auch Studioführungen an.
Man sollte sich allerdings frühzeitig dafür anmelden.
Weitere Informationen beim hr-Besucherservice
Tel.: 069-1553119, Mail: fuehrungen@hr.de,
www.fuehrungen.hronline.de

Wie im Film: der Hauptkontrollraum des Europäischen Raumflugkontrollzentrums

Darmstadt führt das Weltraumkommando

Europas Tor zum All ist in hessischer Hand

Der Weltraum. Unendliche Weiten. Schon immer wollte die Menschheit wissen, was dort so los ist, welche Geheimnisse sich dort verbergen und wie das Universum funktioniert. Sie kann diesbezüglich ganz beruhigt sein, denn wir Hessen haben alles unter Kontrolle und der Weltraum hört auf unser Kommando.

Na ja, vielleicht ist das ein klein wenig übertrieben, aber im Grunde ist völlig zutreffend, dass von Darmstadt aus der Weltraum um uns herum beobachtet und kontrolliert wird.

Das Europäische Raumflugkontrollzentrum (European Space Operations Centre = ESOC) ist seit 1967 das Kontrollzentrum für nahezu alle Raumsonden und die dazugehörigen Bodenstationen der Europäischen Weltraumorganisation ESA. Diese Sonden erforschen einerseits unsere gute alte Mutter Erde, andererseits aber auch unser Sonnensystem und die Tiefen des Universums. Die ESA mit Hauptsitz in Paris hat heute 22 europäische Mitgliedsstaaten und arbeitet selbstverständlich auch mit der NASA zusammen.

„Wir überlassen nichts dem Zufall. Wir haben alles unter Kontrolle", sagt man beim ESOC. Hier werden Satellitenmissionen konzipiert, ihr Start in den Weltraum überwacht und ihr ganzes Leben lang gesteuert. In Darmstadt sitzen dafür 800 Experten aus ganz Europa. Sie kümmern sich sowohl um die uns umkreisenden geostationären Erdtrabanten als auch um Forschungssatelliten mit ganz fernen Zielen, wie Kometen. Von immer größerer Bedeutung werden sogenannte Umweltsatelliten wie der 2010 gestartete Cryosat. Sie liefern wichtige Daten und Bilder über unser Erdklima – beispielsweise über das Eisabschmelzen an den Polen und die Entwicklung des Ozonlochs.

Für die die Bestimmung, Vorhersage und Steuerung der Flugbahn eines Satelliten, sowie dessen Ausrichtung und Orientierung im Weltraum, sind die Flugdynamiker im ESOC-Team verantwortlich. Ihr Wissen ist so speziell, dass es auch bei Missionen anderer Weltraumorganisationen gefragt ist. Damit unterstützen die Experten jegliche Arten von Missionen – von Erdbeobachtung über Astronomie und Planetenwissenschaft bis hin zu Navigation.

Zur Aufgabe des ESOC gehört auch die Beobachtung von zahllosen Kometen, Gesteins- und Eisbrocken, die durchs All fliegen und uns immer mal wieder besuchen kommen. Dass diese Besuche, die auch mal ins Auge gehen könnten, unter „hessischer Kontrolle" sind, beruhigt ungemein. In Darmstadt tüftelt man übrigens an einer neuen Marsmission. Es könnte also in absehbarer Zeit geschehen, dass der rote Planet mit hessischer Präzision erforscht und analysiert wird.

ZUM FILM

Auf Weltraummission

European Space Operations Centre
Robert-Bosch-Straße 5, 64293 Darmstadt, www.esa.de

Führungen durch das ESOC werden von Darmstadt Marketing angeboten. **Wichtig:** Aufgrund der hohen Sicherheitsvorkehrungen ist für öffentliche und Gruppenführungen eine rechtzeitige, namensgebundene Anmeldung erforderlich. Ein gültiger Ausweis muss zur Führung mitgebracht werden. Kinder dürfen erst ab einem Alter von zehn Jahren an den Führungen teilnehmen.

Preise: Gruppen (max. 20 Personen) 95 Euro, öffentliche Führung 7 Euro/Person, erm. 5 Euro, Tickets nur im Vorverkauf erhältlich

Termine: Gruppentouren Mo 10-13 Uhr, Mo + Mi 14-17 Uhr, Fr 13.30-18 Uhr; Termine für öffentliche Führungen siehe Internetseite

Informationen und Anmeldung über Wissenschaftsstadt Darmstadt Marketing:
Tel.: 06151-134516 (Gruppen) und -134535 (öffentliche Führungen)
Mail: tcb@darmstadt.de, www.darmstadt-tourismus.de

Ein Blick in das Innenleben einiger Zuse-Rechner wird im Museum möglich

In Hessen stand die erste Computerfabrik

Konrad Zuse ist der Vater der heutigen Rechner

Ein Gegenstand, der aus unserem modernen Leben nicht mehr wegzudenken ist, den wir als unverzichtbar und notwendig einstufen, an dem wir viel Zeit verbringen und ohne den es auch dieses Buch so nicht geben würde – das ist der Computer. Der Wegbereiter dieser inzwischen allgegenwärtigen Technik dürfte den meisten Hessen nicht unbekannt sein: Konrad Zuse. Der gebürtige Berliner war geradezu besessen von der Idee, eine Rechenmaschine zu entwickeln. Immer wieder begeisterte er Geldgeber, die ihm die Herstellung der ersten Rechner ermöglichten. Die Z1 funktionierte noch rein mechanisch und recht unzuverlässig. Die Z3 hingegen gilt als erster funktionierender Digitalcomputer. Er wurde im Krieg zerstört und später zu Ausstellungszwecken nachgebaut. Konrad Zuse hat danach die längst legendäre Rechenmaschine Z4 entwickelt und noch in den letzten Kriegsmonaten in Betrieb genommen. Um sie vor den Kriegs- und Nachkriegswirren zu schützen, schaffte er sie nach Süddeutschland, ehe dem Wunderwerk der Technik vier Jahre später die große Stunde schlug.

1949 gründete Konrad Zuse in Neukirchen bei Hünfeld (heute im Landkreis Fulda) die Zuse KG, die Weltgeschichte schreiben sollte. Denn dort wurde die Z4 nach ihrem „Sicherheitsschlaf" sofort wieder flottgemacht und nach Zürich vermietet, womit sie zum ersten kommerziell gehandelten Computer der Welt wurde. Sie ist damit ganz zweifellos die Mutter aller modernen Rechner. 1957 siedelte die Firma nach Bad Hersfeld um und stellte dort mit Z22 und Z23 noch sehr erfolgreiche Geräte her. Auch den ersten Plotter, den Graphomat Z64, brachte das Unternehmen auf den Markt. Warum es die Zuse KG dennoch nicht schaffte, sich dauerhaft auf dem Computermarkt zu behaupten, ist schwer zu sagen. Die meisten Fachleute glauben, man sei zwar seiner Zeit voraus gewesen, konnte aber letztlich mit der weltweiten Entwicklung der Computertechnik nicht mithalten.

Das Team des hr-fernsehens ging mit zwei ehemaligen Mitarbeitern der Zuse AG zu den verlassenen Betriebsgebäuden. Zeitweise war der Bedarf an Arbeitskräften so groß, dass wirklich jeder bei Zuse anfangen konnte. Die beiden Computer-Veteranen zitierten deshalb den damals gebräuchlichen Spruch: „Schuster, Schneider und Friseure werden bei Zuse Ingenieure."

Doch mit dem Einstieg der britischen Brown, Boveri & Cie und später der Siemens AG war das Ende schon fast besiegelt. 1971 wurde der Firmenname offiziell gelöscht. Konrad Zuse hatte sich 1967 aus dem Unternehmen zurückgezogen und widmete sich der Malerei.

Seine Lebensleistung bleibt aber nach wie vor die eines von einer Idee besessenen Genies. Die Stadt Hünfeld ist – völlig zu Recht – so stolz auf ihn, dass sie sich mittlerweile „Konrad-Zuse-Stadt" nennt. Dort ist auch ein Museum entstanden, in dem man das Leben dieses in vielerlei Hinsicht kreativen Menschen nachvollziehen kann.

ZUM FILM

Gesprochen und geschrieben

„Ich glaube, daß gerade Vielseitigkeit die Voraussetzung für aus dem Rahmen fallende Ideen ist. Eine solche Idee, ein ‚Seitensprung der Technik', wenn man so will, war letztes Endes auch der Computer."

Konrad Zuse, aus:
„Der Computer – Mein Lebenswerk"

Konrad-Zuse-Museum

Das Museum beherbergt neben der Abteilung über Leben und Werk Konrad Zuses auch Abteilungen zur Stadt- und Kreisgeschichte. Kirchplatz 4-6, 36088 Hünfeld
Tel.: 06652-919884
www.zuse-museum-huenfeld.de

Preise: 3 Euro, erm. 1 Euro

Geöffnet: Di, Mi, Fr-So 15-17 Uhr und nach Vereinbarung

10

Die Wasserspiele laufen noch wie 1714

Einzigartiges Schauspiel am Herkules in Kassel

Nach Kaskaden und Steinhöfer Wasserfall stürzt das Wasser unter der Teufelsbrücke hindurch

Jeder, der schon mal im Kasseler Bergpark Wilhelmshöhe war – vorzugsweise sonntags –, wird sich schwärmerisch an ein wunderschönes und rauschendes Schauspiel erinnern. Die spektakulären Wasserspiele funktionieren immer noch ganz ohne Motoren oder Pumpen, wie zur Premiere am 3. Juni 1714. Allein die genial genutzte Wasserkraft vollzieht das Spektakel, bei dem rund 350.000 Liter Wasser bewegt werden – und das seit 300 Jahren.

Alles nimmt seinen Anfang beim 515 Meter über dem Meeresspiegel thronenden Herkules. Seit 1717 schaut er von der Spitze einer steinernen Pyramide herunter, die sich auf einem oktagonförmigen Schloss befindet. Landgraf Karl von Hessen-Kassel ließ damals dieses imposante Bauwerk errichten. Die ganze Parkanlage ist von atemberaubender Schönheit und war ein Wunder ihrer Zeit. Nicht zuletzt aufgrund ihrer wunderbaren Wasserspiele wurde sie am 23. Juni 2013 in die Liste des UNESCO-Weltkulturerbes aufgenommen.

Aber wie funktioniert dieses Schauspiel eigentlich genau? In den „Feuerlöschteich" und den „Unglücksteich", ganz in der Nähe des Herkules, wird unterirdisch Wasser geleitet. Dabei handelt es sich sowohl um Regenwasser als auch um geschmolzenen Schnee. Ein Hochmoor dient dafür als idealer Speicher.

Wenn die große Wassershow beginnen soll, müssen fünf Mitarbeiter der Museumslandschaft Hessen Kassel genau wie vor 300 Jahren einen komplizierten Ablauf in Gang bringen. Einer von ihnen ist Dieter Seidel.

Er muss in einer genau festgelegten Reihenfolge zu bestimmten Zeitpunkten sogenannte Schieber öffnen, die das Wasser zurückhalten. „Das Timing ist bei den Wasserspielen alles, hier läuft alles nach Zeit!", sagte er dem hr-fernsehen.

Der erste dieser Schieber, der in der komplizierten Choreografie geöffnet wird, ist einer, der die Befüllung der obersten Ebene der barocken Kaskadenanlage ermöglicht. Wenn diese Ebene voll ist, läuft das Wasser über Rohre in das darunter liegende Artischockenbecken. Durch den so entstehenden Druck steigen dort sogar schon Fontänen empor. Wenn das Artischockenbecken vollgelaufen ist, müssen die Mitarbeiter weitere Schieber öffnen, bis sich so viel Wasser ansammelt, dass es über einen Tisch den Felssturz hinabläuft und die zweite Ebene befüllt: das Riesenkopfbecken. Hier speit der steinerne Kopf des Bösewichts Enkelados eine zwölf Meter hohe Wasserfontäne in Richtung seines Bezwingers Herkules – ohne Pumpe, nur durch den Druck des herabfließenden Wassers. Die zwei Figuren daneben – ein Faun und ein Zentaur – blasen lautstark in ein Horn. Möglich wird das durch das Zusammenspiel von Wasser- und Luftdruck. Genau wie früher beim Landgrafen Karl sorgt diese technische Meisterleistung heute bei den Besuchern für Begeisterung. Es soll allerdings schon Leute gegeben haben, die sich bei dieser lauten und anhaltenden Posaunerei die Ohren zuhalten mussten.

Über die prachtvollen großen Kaskaden und durch drei ovale Becken bahnt sich nun das kühle Nass seinen Weg zum Neptunbassin.

Auf über 500 Stufen kann man das mitverfolgen, während man die Treppen hinabschreitet. Wer das schneller als das Wasser schafft, kann den Neptun noch bewundern, ehe ihn das herabstürzende Wasser in einer Grotte verdeckt.

Nach einer guten halben Stunde gelangt das Wasser zu den romantischen Wasserkünsten des Architekten Karl Steinhöfer. Im Bereich des nach ihm benannten Wasserfalls kommt ein weiterer Zulauf ins Spiel.

Wasser aus dem Fluss Drusel und aus einer alten Zeche fließt hier in diesen mittleren Teil der Anlage und überflutet in wirklich herrlich anzuschauender Weise die Felsenlandschaft, die wie ein Steinbruch aussieht.

Das Wasser stürzt – es sind inzwischen 50 Minuten vergangen – unter der Teufelsbrücke hindurch in den Höllenteich. Besonders faszinierend ist das sogenannte Aquädukt, das aussieht wie eine abgebrochene Brücke. In Wirklichkeit ist es aber nichts anderes als

Das Riesenkopfbecken mit Enkelados' Kopf im Wasser und Zentaur rechts davon

Blick auf die Kaskaden und das Schloss

poniert, dass man als Spaziergänger alles mitverfolgen und vor dem Schloss das Finale genießen kann. An vier Sommerssamstagen gibt es als zusätzliche Attraktion beleuchtete Wasserspiele am Abend. Da lohnt es sich, eine gute Kamera dabeizuhaben, denn das Weltkulturerbe bei Nacht sieht fantastisch aus!

ein sagenhaft imposanter, 30 Meter hoher Wasserfall. Kein anderer künstlich angelegter Parkwasserfall ist höher.

Über die Peneuskaskaden fließt danach das Wasser in einen See und wird dort erst einmal gestoppt. Ein Fontänenrohr füllt sich und baut unter der Wucht des nachfolgenden Wassers einen Druck von acht Bar auf. Das ist so unfassbar viel, dass der Parkmitarbeiter mächtig aufpassen muss, um die Fontäne in Gang zu bringen. Er muss nämlich einen Deckel öffnen, der das Fontänenrohr verschließt. Damit dieser ihm nicht um die Ohren fliegt, muss er das zur Sicherheit mit einer Kette erledigen, an der er zieht. Und dann schießt die Fontäne über 50 Meter in die Höhe – ziemlich genau um 15.45 Uhr. Das ganze Spektakel ist so durchkom-

Meisterwerk aus Wasserkraft

Bergpark Wilhelmshöhe
Herkules und Oktogon
Schlosspark 28
34131 Kassel
Tel.: 0561-31680123
www.museum-kassel.de

Preise: Park und Wasserspiele Eintritt frei, Herkules und Oktogon 3 Euro, erm. 2 Euro, Kinder (bis 18) Eintritt frei

Zeiten Wasserspiele: 1. Mai-3. Okt. Mi, So und Feiertage um 14.30 Uhr

Termine für die beleuchteten Wasserspiele und Informationen zu Führungen auf
www.kassel-marketing.de

Die Stationen des Wassers:
• 14.30 Uhr Beginn am Herkules
• gegen 14.40 Uhr Kaskaden
• gegen 15.05 Uhr Steinhöfer Wasserfall
• gegen 15.20 Uhr Teufelsbrücke
• gegen 15.30 Uhr Aquädukt und Peneuskaskaden
• gegen 15.45 Uhr große Fontäne

Über 500 Internet-Provider aus mehr als 50 Ländern tauschen ihre Daten über DE-CIX aus

Das Herz des Internets schlägt in Frankfurt

In Fechenheim ist der weltgrößte Internet-Knoten

Alle Welt spricht von Frankfurt als einem der wichtigsten Verkehrsknotenpunkte; das Frankfurter Kreuz ist das meistbefahrene Europas; der Flughafen ist eines der bedeutendsten Luftfahrtdrehkreuze auf diesem Erdball. Aber wer weiß schon, dass in derselben Stadt der weltgrößte Internet-Knoten zu finden ist? Weil hr3-Moderator Tobias Kämmerer sich überhaupt nichts darunter vorstellen konnte, wollte er der Sache auf den Grund gehen. Den Internet-Chat mit Kollegin Anna Lena Dörr musste er abbrechen, weil ihm die Frage keine Ruhe mehr ließ: Wo genau ist eigentlich dieser sagenhafte Knotenpunkt? Wie sieht er aus? Wie groß ist er und kann man ihn anfassen? Kann man also das Internet sehen?

Um das alles herauszufinden, musste er sich nicht etwa in die Hochhausschluchten der Frankfurter Skyline begeben, sondern originellerweise in den östlichen Stadtteil Fechenheim. Dort betreibt die Firma DE-CIX GmbH (www.de-cix.net) ihr Competence Center und dort liegt ihr Herzstück: die Technik. Beseelt von der Idee, gleich das Internet persönlich kennenlernen zu dürfen, ließ Tobi beim Einlass geduldig die recht aufwendigen Sicherheitskontrollen über sich ergehen. Immerhin gehen hier womöglich auch seine privaten Banking-Daten und die Chats mit Anna Lena durchs Haus. Technikchef Arnold Nipper war 1995 einer der Gründungsväter der Firma und lud Tobi in die Zentrale ein – ganz nah an den Pulsschlag des WorldWideWeb.

Ein riesiger Serverraum mit vielen metallisch aussehenden Festplatten und gelben Kabeln – das sollte das Internet sein? Tobi musste lernen, dass es das Internet an sich nicht gibt. Man muss sich das eher als ein Netz von vielen Netzen vorstellen. Vor zwei Jahrzehnten lief jede E-Mail noch über die Vereinigten Staaten, was einerseits langsam war (nämlich satte 150 Millisekunden), andererseits auch ziemlich teuer. Stattdessen entwickelten sich weltweit 340 Datenserver, von denen der Internetknoten der DE-CIX der größte der Welt wurde – gemessen an der Datenmenge. Viele Millionen Menschen von Lateinamerika bis Korea kommunizieren über diese Schaltstelle

in Fechenheim. Frankfurt ist also sowas wie die Welthauptstadt des Internets.

DE-CIX macht es möglich, dass Tobis E-Mails an Anna Lena heute weniger als eine einzige Millisekunde brauchen. So schnell kann Anna Lena nicht mal blinzeln. Der DE-CIX ist heute der Internet Exchange (IX) mit dem höchsten Datendurchsatz weltweit (40 Terrabit pro Sekunde) und betreut Hunderte von Kunden, darunter solch große Player wie Google, Facebook, 1&1, Telefónica und China Telecom. Ihre Rechner allein benötigen eine Fläche von 200 Quadratmetern. Tobi war zwar trotzdem etwas enttäuscht, weil er sich den Anblick des Internets aufregender **ZUM FILM** vorgestellt hatte. Aber er weiß jetzt, was jeder Hesse wissen muss: Das Herz des Internets schlägt in Frankfurt-Fechenheim.

Von der Tontafel zum Internet

Das **Museum für Kommunikation** zeigt in sieben Ausstellungsbereichen die Entwicklung der Kommunikationsmedien – von den Schriftzeichen auf Tontafeln über Briefe und Telefon bis hin zum allgegenwärtigen Internet:
Schaumainkai 53 (Museumsufer)
60596 Frankfurt am Main
Tel.: 069-60600, www.mfk-frankfurt.de

Preise: 3 Euro, Kinder (6-16) 1,50 Euro, Kinder (unter 6) Eintritt frei

Geöffnet: Di-Fr 9-18 Uhr, Sa/So und Feiertage 11-19 Uhr, Sonderregelungen siehe Homepage

Das Museum für Kommunikation

Die Sammlung im Brüder-Grimm-Haus zeigt die Verbreitung der Märchen sehr anschaulich

Grimms Märchen gibt es in 170 Sprachen

Die ganze Welt liebt die Geschichten aus Hessen

Ob Rotkäppchen, Rumpelstilzchen, Aschenputtel, Schneewittchen oder Frau Holle – die Märchen der Brüder Grimm sind auf der ganzen Welt bekannt. Die beiden in Hanau geborenen Brüder Jacob und Wilhelm sind zwar auch als Sprachwissenschaftler zu Ruhm gelangt, doch ihre Märchensammlungen sind und bleiben ein wunderbares Geschenk an die Menschheit. In keinem einzigen Fall entstammten die Märchen ihrer Fantasie. Stattdessen trugen sie die in erster Linie mündlich überlieferten Sagen und Märchen zusammen und verarbeiteten sie zu spannenden Geschichten.

1812, also vor inzwischen gut 200 Jahren, erschien der erste Band der „Kinder- und Haus-Märchen", die bis ins Jahr 1858 immer mehr erweitert und bearbeitet wurden. Insgesamt umfasst die Sammlung 210 Märchen und „Kinderlegenden". Dabei handelte es sich keineswegs nur um Geschichten aus Deutschland. Viele davon hatten ihre Ursprünge in anderen europäischen Ländern, wie etwa „Der gestiefelte Kater", den man sich vorab auch schon in Frankreich (Charles Perrault: „Le Maître Chat ou le Chat botté") und Italien (Giovanni Francesco Straparola: „Costantino Fortunato") erzählte.

1823 erschien die erste Übersetzung der Grimm'schen Märchen ins Englische von Edgar Taylor und David Jardine als „German Popular Stories". Die Brüder, die zu dieser Zeit in Kassel ansässig waren, waren damit recht zufrieden:

> „Ihre Übersetzung ist treu und liest sich gut. Sie haben hier und da etwas abgeschnitten, oder eine Kleinigkeit geaendert, das ist bei dem Zweck, den Sie im Auge haben, natürlich und kann auch, da der Stoff einmal gesichert ist, weiter keinen Nachtheil haben."

Mittlerweile sind die Märchen der Brüder Grimm in über 170 Sprachen übersetzt worden. Sie sind auf der ganzen Welt bekannt und beliebt – in allen europäischen Ländern, aber auch in Brasilien, Chile, Thailand, Indien, China, Korea und Japan. Seit dem Jahr 2012 gibt es sie erstmals auch in tschetschenischer Sprache. Zum 200-jährigen Jubiläum der Erstausgabe ließ sich Rainer Nickel, Lehr-

Der Froschkönig auf Hebräisch

beauftragter am Marburger Seminar für Klassische Philologie, etwas Besonderes einfallen: Erstmals gibt es sieben Grimm'sche Märchen auf Latein.

ZUM FILM

Märchen-Museen

Im **Brüder Grimm-Haus** in Steinau lebten einst die Märchenbrüder mit ihrer Familie. Noch heute kann man die historische Küche bestaunen. Auch Erstausgaben und Übersetzungen ihrer Werke gibt es zu sehen.

Brüder Grimm-Haus und Museum Steinau
Brüder Grimm-Straße 80
36396 Steinau an der Straße
Tel.: 06663-7605
www.brueder-grimm-haus.de

Preise: Brüder Grimm-Haus und Museum Steinau 5 Euro, erm. 3 Euro

Geöffnet: täglich 10-17 Uhr

Das **Brüder Grimm-Museum** in Kassel zeigt auf drei Etagen Leben, Werk und Wirkung der Grimms. Im Fokus stehen die original Kasseler Handexemplare „Kinder- und Haus-Märchen" – seit 2005 UNESCO-Weltdokumentenerbe.

Brüder Grimm-Museum
Schöne Aussicht 2
34117 Kassel
Tel.: 0561-7872033, www.grimms.de

Preise: 3 Euro, erm. 1,50 Euro, Kinder (unter 18) Eintritt frei

Geöffnet: Di-So 10-17 Uhr, Mi 10-20 Uhr

43

Gehören zusammen wie die drei Musketiere: Handkäs', Zwiebeln und natürlich Kümmel

Der Handkäs' kann nicht ohne Kümmel

Das Gewürz sorgt nicht nur für den Geschmack ...

Der berühmte hessische „Handkäs' mit Musik" ruft bei Nicht-Hessen oft falsche Vorstellungen hervor. Nein, der Kellner trällert beim Servieren kein Lied und es spielt auch keine Band auf. Genauso wenig wurde der von Hand geformte, magere Sauermilchkäse während seiner Reifezeit einer Beschallung mit fröhlichen hessischen Liedern ausgesetzt. Obwohl hr3-Moderator Tobias Kämmerer der Meinung ist: „Das sollte man unbedingt mal ausprobieren!" Am Geschmack würde das aber vermutlich kaum etwas ändern!

Es stellt sich also die Frage: Was ist mit der „Musigg" zum Handkäs' eigentlich gemeint? Es gibt zwei Theorien zur Beantwortung dieser hessischen Kernfrage. Bei der einen, die man eher in den Bereich der Legende einordnet, bezieht man sich auf das Geklapper der Essig- und Ölflaschen, die früher beim Servieren zusammen mit dem Käse an den Tisch gebracht wurden. Und tatsächlich mag mal ein Gast bei dieser scheppernden Geräuschkulisse gesagt haben: „Ei, was mässte dann da färre Musigg mit deene Fläschjär?"

Handkäs' mit Musik

1 Handkäs' (ca. 200 g), 8 EL Apfelessig, 4 EL Öl, 4 EL Wasser oder Apfelwein, 3 kleine Zwiebeln, Prise Salz, Kümmel, falls gewünscht auch Pfeffer

Für die „Musik" Essig, Öl und Wasser bzw. Apfelwein verrühren, mit Salz (evtl. Pfeffer) und Kümmel abschmecken und die klein gewürfelten Zwiebeln zugeben. Die Musik über den Handkäs' geben und mindestens zwei Stunden durchziehen lassen. Mit frischem Brot und Butter reichen. **Übrigens:** Handkäs' wird in Frankfurt niemals mit Messer und Gabel, sondern nur mit einem Messer gegessen. Das Brot wird dabei mit Butter beschmiert, ein Stück Handkäs' abgeschnitten, auf das Brot gelegt und dann direkt abgebissen. Guten Appetit!

Die zweite Theorie hingegen ist wesentlich plausibler und führt in den Bereich der Biologie. Die rohen Zwiebeln, die entweder als Ringe oder klein gehackt über den Käse gegeben werden, enthalten Rhamnose und Stachyose. Diese schwer verdaulichen Zuckerarten haben die fiese Eigenschaft, im Innenleben des Genießers zu Blähungen zu führen. Das erzeugt häufig markante Brummgeräusche – und leider noch markanteren Geruch. Es ist naheliegend, dass mit der „Musik" die Zwiebeln und die ihr folgenden und nur allzu menschlichen Klänge nach deren Genuss gemeint sind.

Ziemlich sicher ist glücklicherweise auch, dass das Überstreuen des Handkäses mit Kümmel zur Abmilderung dieser Folgen führt. Kümmelsamen enthalten nämlich ätherische Öle (insbesondere Carvon), die nicht nur für das würzige Aroma sorgen. Sie unterstützen vor allem eine gute Verdauung, weil sie antibakteriell und blähungsmindernd wirken. Auch Magen-Darm-Krämpfen kann man durch den Genuss von Kümmel vorbeugen. Genau wie beim Sauerkraut dämpft er also auch beim Handkäs' die Produktion von viel heißer Luft, die so mancher Esser ungewollt produziert. Auch wenn es im Alltag die meisten Handkäs'-Gourmets einen Furz interessiert, wozu der Kümmel da ist, muss jeder Hesse zumindest für ein romantisches Dinner wissen, wozu der Kümmel da ist.

ZUM FILM

Alles Käse

Handkäse wird aus Sauermilchquark hergestellt, dem Natron und Salz zugesetzt werden. Bei 25 bis 28 Grad reift er dann zwei Tage bei 80 % Luftfeuchtigkeit. Da der Handkäse 27 % Eiweiß und nur 0,5 % Fett enthält, ist er nicht nur lecker, sondern stellt gleichzeitig ein ideales Diätgericht dar. Name und die handliche Größe gehen auf die ursprüngliche Herstellungsweise zurück – der Käse wurde mit der Hand geformt.

14

Deutschland wurde in Frankfurt geboren

Die Paulskirche – Wiege der deutschen Demokratie

In der Frankfurter Paulskirche versammelte sich 1848/49 das erste Parlament

Wahrscheinlich ist sie das historisch wichtigste Gebäude Deutschlands: die Paulskirche in Frankfurt. Im Jahre 1786 wurde die dortige Barfüßerkirche abgerissen, um für eine neue Kirche Platz zu schaffen, die Geschichte schreiben sollte. Drei Jahre später begannen die Bauarbeiten an der neuen zentralen evangelischen Kirche für die Stadt. Die Fertigstellung zog sich aus Geldknappheit, aber auch wegen der politisch sehr unruhigen Zeiten bis ins Jahr 1833 hin. Dann endlich, am 9. Juni, fand der Einweihungsgottesdienst statt. Die Zeiten sollten aber noch eine ganze Weile turbulent bleiben, denn bis März 1848 gab es überall in den Ländern des Deutschen Bundes Proteste und Aufstände gegen die Herrscherhäuser. Diese entluden sich schließlich in der „Märzrevolution", die heute auch als die „Deutsche Revolution" bezeichnet wird und bis Ende des Jahres 1849 andauerte. Die demokratischen Unruhen waren von bürgerlichem Liberalismus gekennzeichnet – mit einer sehr nationalistischen Ausprägung. Die schwarz-rot-goldene Fahne wurde zum Sinnbild eines neuen, heiß ersehnten demokratischen Deutschland. Ein Deutschland in unserem heutigen Sinne gab es noch nicht. Zum sogenannten Deutschen Bund gehörten die Königreiche Preußen, Hannover, Sachsen, Württemberg und Bayern, das Kaiserreich Österreich, die Großherzogtümer Baden und Hessen sowie das Kurfürstentum Hessen und das Herzogtum Nassau. Die freie Stadt Frankfurt war 50 Jahre lang (1816-1866) ein Stadtstaat.

Zwar führten die umstürzlerischen Bewegungen der Deutschen Revolution von 1848/49 nicht unmittelbar zu einer echten nationalen Demokratisierung, aber sie legten den Grundstein dafür. Vom 18. Mai 1848

US-Präsident John F. Kennedy 1963 bei seiner Rede in der Paulskirche

bis zum 31. Mai 1849 trat in der Paulskirche die „Frankfurter Nationalversammlung" zusammen. Sie gilt als das erste frei gewählte Parlament Deutschlands. Die daraus resultierende „Paulskirchenverfassung", die am 28. März 1849 als Verfassung des Deutschen Reichs verkündet wurde, schrieb eine ganze Reihe von bürgerlichen Grundrechten fest. Zwar konnte sie gegen den Widerstand des preußischen Königs und der anderen Fürsten nicht durchgesetzt werden, sie diente aber dennoch als Vorbild für die Verfassung der Weimarer Republik (ab 1919) und für unser Grundgesetz.

Nach der Zerstörung im Zweiten Weltkrieg sollte die für Deutschland so bedeutsame Paulskirche schnellstmöglich wieder aufgebaut werden. Aus dem einstigen Gotteshaus wurde ein elegantes Festsaalgebäude. Genau 100 Jahre nach der Nationalversammlung kam es am 18. Mai 1948 zur Wiedereröffnung als „Haus aller Deutschen". Seither ist die Frankfurter Paulskirche ein erhabener Ort großer Gedenkfeiern und wichtiger Preisverleihungen. Hier finden die Festakte für den Friedenspreis des Deutschen Buchhandels und den Goethepreis der Stadt Frankfurt statt. Am 25. Juni 1963, fünf Monate vor seiner Ermordung, hielt der US-amerikanische Präsident John F. Kennedy eine bewegende Rede in der Paulskirche und würdigte sie als „Wiege der deutschen Demokratie". Zum 150. Geburtstag im Jahre 1998 entstand die Dauerausstellung „Symbol demokratischer Freiheit und nationaler Einheit". Allein schon ihretwegen lohnt sich (nicht nur) für jeden Hessen ein Besuch dieses historischen Ortes.

ZUM FILM

„Vor 115 Jahren hat in diesem historischen Raum ein Parlament der erlauchten Geister Deutschlands getagt. Sein Ziel war ein geeinter deutscher Bundesstaat.
Dieses Parlament bestand aus Dichtern und Professoren, aus Rechtsgelehrten und Philosophen, aus Ärzten und Geistlichen, die in allen Teilen des Landes frei gewählt worden waren. Und keine Nation spendete seiner Arbeit wärmeren Beifall als meine eigene. Keine parlamentarische Versammlung hat jemals größere Anstrengungen unternommen, etwas Vollkommenes ins Werk zu setzen. Und obwohl ihre Bemühungen scheiterten, kann kein anderes Gebäude in Deutschland begründeten Anspruch auf den Ehrentitel ‚Wiege der deutschen Demokratie' erheben."

John F. Kennedy am 25. Juni 1963
in der Frankfurter Paulskirche

Das Urparlament

Paulskirche
Paulsplatz 11
60311 Frankfurt am Main

Führung: Tourismus + Congress Frankfurt, Tel.: 069-21238953
www.frankfurt-tourismus.de

Die **Dauerausstellung** „Paulskirche. Symbol demokratischer Freiheit und nationaler Einheit" in der Kirche sowie diverse Tafeln und Denkmäler an der Außenfassade erzählen von der historischen Bedeutung dieses Ortes.

Preise: Eintritt frei

Geöffnet: täglich 10-17 Uhr (außer bei Veranstaltungen)
www.frankfurt.de

15

Ohne Dillenburg gäb's die Niederlande nicht

Hollands Vater Willem van Oranje war Hesse

Der Wilhelmsturm wurde 1872 bis 1875 auf dem historischen Schlossberg errichtet

Ob alle niederländischen Staatsbürger wissen, dass ihr „Vater des Vaterlandes" aus dem hessischen Dillenburg stammt? Jener Nationalheld, den man dort Willem van Oranje nennt, hieß ursprünglich Wilhelm van Nassau-Dillenburg – mit dem Beinamen „der Schweiger". Im April 1533 erblickte er das Licht der Welt. Schon im zarten Alter von elf Jahren erbte er das Fürstentum von Oranien und ein beträchtliches Stück von Brabant. Nachdem er im Alter von 26 Jahren zum Statthalter verschiedener niederländischer Grafschaften eingesetzt worden war, mischte er in dem ab 1568 tobenden Unabhängigkeitskrieg gegen Spanien als einer der wichtigsten Führer mit.

1581 wurde Spanien von den Niederlanden unabhängig – und Wilhelm zum Statthalter. Bis heute gilt er bei den „Oranjes" als Volksheld. Ihm ist auch die Nationalhymne gewidmet, deren Text aus der Zeit des Unabhängigkeitskrieges stammt und dessen Autor man nicht kennt. Sie heißt „Het Wilhelmus" und beginnt mit den Zeilen: „Wilhelmus von Nassaue bin ich, von deutschem Blut – dem Vaterland getreue bleib ich bis in den Tod." Na, wenn das kein Hinweis auf die Nassau-Dillenburgische Herkunft ist.

Dillenburg hat viele niederländische Touristen. Bürgermeister Michael Lotz sagte einem Team des hr-fernsehens: „Es ist nach wie vor so, dass Wilhelm von Oranien und seine Familie einfach unser kulturelles Leben, unser touristisches Leben und viele andere Bereiche des öffentlichen Lebens bestimmen und das macht unsere Identität eben aus." Deshalb ist dort auch fast alles nach Wilhelm und den Oraniern benannt – von Straßen über eine Muckibude bis hin zu einem Parkhaus.

Vom Dillenburger Schlosspark aus blickt die Bronzestatue Wilhelms I. über die Stadt

Der Stolz der Dillenburger ging 2004 sogar so weit, dass sie sich ein Musical über das Leben Wilhelms einfallen ließen („Der Prinz aus Dillenburg") und vor dem Wilhelmsturm mit Laiendarstellern aufführten. Dort gibt es auch ein Denkmal für diesen bedeutsamsten Sohn der Stadt.

Die Nachkommenschaft Wilhelms ließ sich hin und wieder durchaus in Dillenburg blicken. Eine besondere Ehre wurde der Stadt im Jahr 2000 zuteil, als Königin Beatrix auf Verwandtenbesuch kam. Bereits 1971 war ihre Mutter, die damalige Königin Juliane, zu Gast. Sie schritt von der Wilhelmslinde zum Wilhelmsturm und besichtigte die Ruine der alten Dillenburger Feste. Sie wusste eben, was sie der Stadt zu verdanken hat. Auch wir haben den Dillenburgern und speziell Wilhelm von Nassau zu danken. Wie hr3-Moderatorin Anna Lena Dörr: „Wenn es Dillenburg nicht gäbe, dann wäre die deutsche Wohnwagenindustrie viel ärmer, wir hätten niemals die herrliche Hape-Kerkeling-Parodie der Königin Beatrix erlebt, hätten niemals die Rudi-Carrell-Show sehen können und den stimmgewaltigen Heintje singen hören. Und schließlich wären wir vielleicht sogar 1974 nicht Fußball-Weltmeister geworden. Danke schön, Dillenburg!"

ZUM FILM

Stadt der Oranier

Wilhelmsturm, Wilhelmslinde, Prinzenhaus – in Dillenburg ist man der Geschichte auf der Spur und die ist ganz eng mit dem niederländischen Königshaus verknüpft. Sehens- und Wissenswertes vermittelt eine **Altstadtführung,** die übrigens auch im historischen Kostüm gebucht werden kann.

Preise: 35 Euro (1-12 Personen), 3,50 Euro für jede weitere Person, Zuschlag für Führung im historischen Kostüm

Buchung und weitere Informationen über die Tourist-Info Dillenburg (Mo-Fr 8-16 Uhr)
Hauptstraße 19, 35683 Dillenburg
Tel.: 02771-896151, Mail: touristinfo@dillenburg.de
www.dillenburg.de

Der **Wilhelmsturm** beherbergt das Oranien-Nassauische Museum, in dem Stücke und Dokumente zur Geschichte Wilhelms I. ausgestellt sind.

Schlossberg 3, 35683 Dillenburg
Tel.: 02771-800065
www.museumsverein-dillenburg.de

Preise: 4 Euro, Kinder (6-16) 2 Euro

Geöffnet: Di-So 10-13 Uhr und 14-17 Uhr, Juli/Aug. auch Mo geöffnet, 2. Nov.-31. März geschlossen

Die Schneekugel kam im Odenwald zu Ruhm

In einem VW-Käfer fing 1950 alles an

Dank der „fünfzig dinge …"-Aktion hat nun auch hr-Maskottchen Onkel Otto eine Traumkugel

Warum hat diese Geschichte eigentlich noch niemand verfilmt? Sie klingt wie ein Märchen und erzählt die Entstehung eines zauberhaften Gegenstandes, der vor über sechs Jahrzehnten seinen Siegeszug um die ganze Welt begann. Es war 1950, als der Michelstädter Fabrikant Bernhard Koziol mit seinem VW Käfer durch den tief verschneiten Odenwald fuhr. Es lag so viel Schnee, dass er darin stecken blieb. Weil er vorwärts nicht mehr weiterkam, legte er den Rückwärtsgang ein. Als er sich nach hinten umdrehte, bot sich ihm durch die leicht beschlagenen „Zwillingsfenster" ein Blick, den manche als den puren Kitsch bezeichnen würden: Drei Rehe streiften durch die Winterlandschaft und Schneeflocken rieselten tänzelnd auf sie herab. Eingerahmt in die beiden Ovale seiner VW-Heckfenster fand Koziol diesen Anblick so wunderschön, dass er auf eine wirklich weltbewegende Idee kam, die die Massenproduktion der Schneekugel ermöglichte. Die geniale Idee, künstlichen Schnee durch glasklares Wasser rieseln zu lassen, faszinierte Kinder und Erwachsene schon seit der Jahrhundertwende. Aber die Kugeln waren teuer und der Schnee war teils noch aus Grieß und schwebte damit nicht sonderlich gut. Koziols Einfall revolutionierte die Herstellung.

Die „Ivory-Box" im Museum: Koziols Firma startete einst mit Elfenbeinfiguren

Selbstverständlich enthielt der Prototyp der „Traumkugel", wie man sie heute auch nennt, eine Winterlandschaft mit Rehen. Dabei kam Koziol entgegen, dass sich sein Betrieb auf die Herstellung von Kunststoffgegenständen spezialisiert hatte. Ursprünglich produzierte sein Unternehmen in den 1920er und 1930er Jahren Schmuck aus Elfenbein, doch schon 1935 stellte er auf Kunststoffartikel um.

Viele Millionen dieser Traumkugeln wurden und werden seither geschüttelt und sind von kaum einem Souvenirshop dieser Erde wegzudenken. Bis auf den heutigen Tag stellt die „Glücksfabrik Koziol", die seit 1970 ihren Standort in Erbach hat, die Schneekugeln her. Mittlerweile kann man sie sogar mit eigenen Fotos bestücken und auf diese Weise den Kunstschnee auf seine persönlichen Erinnerungen rieseln lassen. Aber den Klassiker mit der Rehfamilie hat das Unternehmen natürlich immer noch im Sortiment.

Ob diese Kugel ein Spielzeug ist oder einfach nur ein traumhafter Gegenstand, in den man seine Illusionen hineinprojizieren möchte, bleibt jedem Betrachter selbst überlassen. Viel interessanter ist, dass die Odenwälder Firma trotz Globalisierung und fernöstlicher Konkurrenz weltweit erfolgreich blieb und heute die Schneekugel in über 50 Länder exportiert. Das hr-

fernsehen-Team durfte Fred Schmölzer über die Schulter schauen, der in der Glücksfabrik als Meister der Traumkugeln gilt. Seitdem gibt es eine Schneekugel mehr in Hessen – eine mit dem „Onkel Otto" darin.

Übrigens hat das wichtigste Geheimnis bisher noch keiner der vielen Nachahmer weltweit gelüftet. Das Odenwälder Quellwasser wird auf so besondere Weise gereinigt, entkalkt und aufbereitet, dass es die unverwechselbare Feinheit erhält, die bisher noch keiner nachmachen konnte. Ein schönes kleines Museum am Erbacher Firmenstandort spannt einen hochinteressanten Bogen von 1927 bis heute.

Stephan Koziol, Sohn des Unternehmensgründers, arbeitet heute mit etablierten Designern zusammen, um jedes Jahr neu gestaltete Motive für die Traumkugeln zu entwickeln. Bei aller Modernität sollen die Kugeln den Besitzer aber nach wie vor begeistern und in Traumwelten entführen. Nicht zuletzt, weil es hier vielen unbekannt ist, sollte jeder Hesse wissen: Die weltberühmte Schneekugel begann ihren Siegeszug in Hessen.

ZUM FILM

Der Klassiker ist die Schneelandschaft mit Rehen

Die Glücksfabrik

Mitten im Odenwald liegt die koziol-Glücksfabrik. Hier können sich Besucher im Design-Outlet mit bunten koziol-Produkten eindecken, sich in der Glücks-Kantine stärken, im koziol-Museum rund 100 Jahre Firmengeschichte zurückverfolgen und einen Blick in die Produktionshalle werfen. Je nach Saison werden hier auch Workshops angeboten, z. B. Traumkugeln basteln, Granulat backen, Kerzen ziehen oder Broschen bemalen. Mehr zu diesen Workshops und Veranstaltungen auf der Homepage:

koziol-Glücksfabrik
Werner-von-Siemens-Straße 90
64711 Erbach/Odenwald
Tel.: 06062-604325, Mail: gluecksfabrik@koziol.de
www.koziol-gluecksfabrik.de

Preise: Museum 3 Euro, Kinder (bis 12) Eintritt frei; Outlet und Kantine Eintritt frei

Geöffnet: Outlet Di-Sa 11-18.30 Uhr, So und Feiertage 14-18.30; Kantine Do-Sa 11-18 Uhr, So 14-18 Uhr; Museum Fr-So und Feiertage 14-18 Uhr, offene Führungen Sa+So 16 Uhr (nach Voranmeldung)

Hinweis: Die Öffnungszeiten der Glücksfabrik ändern sich je nach Jahreszeit, vor einem Besuch am besten die aktuellen Zeiten auf der Internetseite nachschauen oder erfragen.

Nach dem Museumsbesuch ...

... eine Stärkung in der Glückskantine

17

Ganz schön eisig! Besonders im Sommer spürt man die kalte Luft, die aus den Stollen strömt

Am Fuß der Dornburg gibt es ewiges Eis

Das Geheimnis der tiefgefrorenen Apostel

Die Dornburg ist eine Basaltkuppe zwischen Wilsenroth und Frickhofen im Landkreis Limburg-Weilburg. Dort findet man ein geophysikalisches Phänomen, das in Hessen einzigartig ist. Der Begriff „ewiges Eis" erinnert eher an Gletscher in den Alpen, aber als echter Hesse sollte man wissen, dass es im Westerwald auch so etwas gibt.

Entdeckt wurde es im Juni 1839 fast beiläufig. Eigentlich sollten Arbeiter am Südhang der Dornburg Steine für den Straßenbau klopfen und stellten dabei fest, dass es sehr lose Gesteinsblöcke gab. Was sie darunter entdeckten, brachte sie zum Staunen: blankes, zwei Meter dickes Eis – und das im Frühsommer. Als man in den Folgejahren die Sache unter Beobachtung behielt und feststellte, dass es sich um einen dauerhaften Zustand handelte, begann man nach den Gründen zu forschen. Man entdeckte, dass das Erdreich unter der Eisschicht weitere fünf bis sechs Meter gefroren ist, auch wenn draußen sommerliche Hitze herrscht. Wie kann das sein?

Diese Vereisungserscheinung ist in Mittelgebirgen selten, in Hessen sogar einzigartig und hängt mit den Rissen und Klüften im Basaltgeröll der Dornburg zusammen. Im Winter bewirken Luftströmungen, dass unter der isolierenden Decke des Basaltgerölls Feuchtigkeit gefriert. Im Sommer kühlt sich dann die durchströmende Luft ab und „konserviert" das Eis. Das außergewöhnliche Phänomen kann man sich heute durch die Luken von zwei künstlichen Stollen ansehen. Die hatte ein findiger Bierbrauer 1869 anlegen lassen. Im Winter wurde Schnee hineingeschaufelt, der sich durch die eisige Umgebung in Resten bis in den folgenden Spätherbst hinein hielt. Von der Brauerei ist heute zwar nichts mehr übrig, die beiden Stollen sind aber geblieben.

Die Dornburg war ab dem 6. vorchristlichen Jahrhundert von Kelten bewohnt, wovon noch die Ruine einer Wallanlage zeugt. Mit dem Beginn des Basaltabbaus 1887 wurde davon aber so einiges zerstört. Um Arbeitsplätze im Steinbruch zu erhalten, hat man schrittweise ein einstmals großes Naturschutzgebiet immer wieder verkleinert; seit 1989 hat das 18 Hektar große Areal nun aber seine Ruhe und bleibt unbehelligt. Das ist sicher auch besser so, denn die Legende hat eine völlig andere Erklärung für das ewige Eis: Einst sollen sich goldene

Bildnisse der zwölf Apostel aus einem goldenen Kirchenaltar auf der Dornburg ganz von selbst unter den Schutz des Basaltgesteins begeben haben. Sie brachten sich auf diese Weise vor den brandschatzenden Horden des Dreißigjährigen Krieges in Sicherheit. Das ewige Eis soll sich dann über die Bildnisse gelegt haben, um die zwölf goldenen Apostel nie mehr freizugeben und auf ewig zu beschützen.

ZUM FILM

Einmal Eiszeit, bitte! ⓘ

Die Dornburg liegt zwischen den Dornburger Ortsteilen Frickhofen und Wilsenroth. Die Stollen sind nicht begehbar – man kann nur hineinschauen. Die Umgebung bietet aber durchaus Sehenswertes, wie die Blasiuskapelle. Informationen zum ewigen Eis und Wanderungen durch die Umgebung gibt es auf www.ich-geh-wandern.de/ewiges-eis-dornburg oder bei der Gemeinde Dornburg: Tel.: 06436-91310, www.gemeinde-dornburg.de

Mehr zur Dornburg, den Kelten, zum Basaltsteinbruch und natürlich zum „ewigen Eis" erzählt das **Dorfmuseum Dornburg-Wilsenroth** Bahnhofstraße 2 65599 Dornburg-Wilsenroth Tel.: 06436-7366 (Leiter Heimat- und Geschichtsverein Wilsenroth)

Preise: 1 Euro

Geöffnet: erster Sonntag im Monat 14-16 Uhr und nach Vereinbarung

18

Die imposanten Türme des Bankenviertels sind Frankfurts Markenzeichen

Frankfurt hat Hessens Top-Sehenswürdigkeit

Die Skyline von „Mainhattan" landete auf Platz 1

Sie ist einzigartig in Deutschland. Auch in ganz Europa findet sie kaum ihresgleichen. Sie besteht aus über 200 Hochhäusern, von denen sage und schreibe 31 über 100 Meter hoch sind. Sie fasziniert Groß und Klein und wird sogar von Fans per Helikopter überflogen. Sie wird von Fotografen und Malern abgebildet und man kann tägliche Zeitraffervideos mit ihr als Hintergrundbild im Internet abrufen: Die Frankfurter Skyline ist eben etwas ganz Besonderes.

Die Kirchenbauten machten den Anfang. Der Frankfurter Dom misst eine Höhe von 95 Metern und war bis 1961 noch das höchste Gebäude der Stadt. Heute verblasst er geradezu im Schatten der großen Wolkenkratzer, von denen das Commerzbank-Hochhaus mit 259 Metern das höchste in ganz Deutschland ist. Zählt man die riesige Antenne mit dazu, sind es sogar 300 Meter. Als es 1997 fertiggestellt wurde, waren diese Maße sogar Europarekord. Erst 2008 verlor das Supergebäude diesen Titel an ein neues Hochhaus in Moskau. So einfach reingehen und dem 56-stöckigen Wolkenkratzer aufs Dach steigen kann man leider nicht. Der Commerzbank Tower ist für die Öffentlichkeit normalerweise unzugänglich. Es gibt aber immer wieder Führungen, die auch

Nicht-Bankern einen Blick in das architektonische Wunderwerk ermöglichen.

Nur zweieinhalb Meter „niedriger" ist der imposante Messeturm, der 1990 eröffnet wurde. 4.000 Arbeitsplätze gibt es darin und sein Hohlmaß beträgt unglaubliche 400.000 Kubikmeter. Bei diesen Ausmaßen verwundert es kaum, dass der rote Kaventsmann sogar eine eigene Postleitzahl hat. Zu den prägnantesten Bauten der Frankfurter Skyline zählt sicher auch der 208 Meter hohe Westend Tower, in dem die Zentrale der DZ-Bank zu Hause ist. Der halbkreisförmige Strahlkranz an der Gebäudespitze verfügt über eine eigene Heizung, damit sich im Winter daran keine Eiszapfen bilden, die sonst zu lebensgefährlichen Geschossen würden.

Publikumsmagnet ist natürlich der Main Tower mit seiner Besucherterrasse in 198 Metern Höhe. Wer da nicht schwindelfrei ist, hat auch kaum was von der tollen Aussicht auf die anderen Giganten. Ein Besucher sagte dem hr-Team auf dem Dach des Main Towers vollkommen begeistert: „Da kommt man sich wirklich vor, als wäre man ein Riese in einer Miniaturlandschaft." Wie einzigartig diese Skyline ist, zeigt ein Blick auf die Liste der höchsten Wolkenkratzer Deutschlands: Die zehn ersten Plätze werden von Frankfurter Bauten belegt. Und die sind nicht kreuz und quer im ganzen Stadtgebiet verteilt, sondern bilden ein kompaktes und spektakuläres Ensemble. Nicht zuletzt deshalb haben wohl auch die Zuschauer des hr-fernsehens die Frankfurter Skyline zur beliebtesten Sehenswürdigkeit Hessens gewählt.

Warum eine solche Stadtsilhouette nur in Frankfurt zustande kam? Der Grund dafür ist der historische Handelsplatz, der die Finanz- und Bankenbranche magnetisch anzog. Und die strebt eben gerne gen Himmel, nicht zuletzt, um ihre Macht zu demonstrieren. Soll sie doch, solange das Ergebnis so prachtvoll aussieht!

ZUM FILM

Frankfurt von oben

Themenführungen durch den Frankfurter Hochhaus-Dschungel: Frankfurter-Stadtevents
Tel.: 069-97460327
Mail: info@frankfurter-stadtevents.de
www.frankfurter-stadtevents.de

Preise: je nach Führung 10-24 Euro pro Person, Termine und Infos auf der Internetseite

Auf Augenhöhe
Wer sich die Frankfurter Skyline aus ihrer Mitte ansehen möchte, kann dies vom **Main Tower** aus tun:

Neue Mainzer Straße 52-58
60311 Frankfurt am Main
Tel.: 069-36504878,
www.maintower.de

Preise: 6,50 Euro, erm. 4, 50 Euro

Geöffnet: Sommer So-Do 10-21 Uhr, Fr/Sa 10-23 Uhr, Winter So-Do 10-19 Uhr, Fr/Sa 10-21 Uhr (parallel zur Umstellung Sommer-/Winterzeit), letzte Auffahrt halbe Stunde vor Schließung

Achtung: Bei schlechtem Wetter und stürmischem Wind bleibt die Aussichtsterrasse geschlossen.

Egal ob Yak, Auerochse oder – wie in diesem Fall – Bison: Yakwilli liebt die Fellkolosse

In der Rhön lebt der Rindvieh-Flüsterer

Willi Schmidt hat keine Angst vor großen Tieren

Reulbach hat gut 400 Einwohner, liegt in der schönen hessischen Rhön und gehört zur Gemeinde Ehrenberg im Landkreis Kassel. Dort am Fuße der Wasserkuppe gibt es mehrere Besonderheiten, zu denen sicher die Sommerrodelbahn gehört, aber auch ein Mann namens Willi Schmidt. Manche nennen ihn den „Rind-vieh-Flüsterer", was ihn überhaupt nicht stört. Aber viel lieber mag er den Namen „Yakwilli".

Von Beruf ist Willi Schmidt Huf- und Klauenpfleger und kennt sich allein schon deshalb mit schwergewichtigen Vierbeinern aus. Er hat sich auf hierzulande besonders seltene Tiere spezialisiert. Die ältesten davon hießen Samson und Gnu, leben inzwischen allerdings nicht mehr. Sie waren eben schon sehr alt. Den beiden Wild-Yaks hat Willi seinen Spitznamen zu verdanken. Yaks? Genau, das ist eine Rinderart, die eigentlich im fernen Tibet zu Hause ist.

Ob er trotzdem beim Spitznamen „Yakwilli" bleibt, wird sich zeigen. Auf jeden Fall ist Willi Schmidt ein ganz außergewöhnlicher Typ. Seine beiden Bisons haben es ihm besonders angetan, denn schließlich hat er Olivia und Popeye von seiner Frau geschenkt bekommen. Damals waren die Tiere schon acht Monate alt und deshalb nicht mehr ganz leicht zu dressieren. Falls mal Nachwuchs kommt, geht das mit dem dann sicher einfacher. Überhaupt ist es Willi Schmidt ein großes Anliegen zu zeigen, dass Rinder nicht nur zum Essen da sein müssen, sondern dass es sich um sehr gelehrige und intelligente Tiere handelt. Er bringt ihnen unfassbare Kunststücke bei und geht mit ihnen auf Tour. Willi ist stolz darauf, dass es sich bei Olivia und Popeye wohl um die einzigen „Tour-Bisons" Europas handelt. Als Außenstehender bleibt man wirklich besser „außen stehen", denn die zotteligen Kolosse sind für Fremde nicht ungefährlich. Auch Willi weiß, dass er nicht alles mit den beiden machen kann, sondern immer den gebührenden Respekt vor ihrer Kraft haben muss.

Als sein Auerochse Emil noch ein Kälbchen war, nahm ihn Willi bereits zu Festivals und Jahrmärkten mit, weil sich das damals noch possierliche, 150 Kilogramm leichte Tier nur allzu gerne streicheln ließ. Besonders Willis Tochter Selina durfte mit ihm kuscheln.

Wie gut sich der „Rindvieh-Flüsterer" mit den Paarhufern auskennt, konnte er sogar schon im Fernsehen unter Beweis stellen. In der ARD-Wissenschaftsshow „Die große Welt der Naturwunder" wurde er im August 2013 von Frank Elstner und Ranga Yogeshwar als Experte eingeladen. Und natürlich hatte er Popeye und Olivia mit dabei. Einen solch massigen Studiobesuch hat es wohl selten zuvor in einer Liveshow des „Ersten" gegeben.

ZUM FILM

Yakwilli mit seinem Auerochsen Emil

Wo Willi mit den Rindern flüstert

Wer sich die zahmen Auerochsen und Bisons von Yakwilli aus der Nähe ansehen möchte, wendet sich direkt an:

Willi Schmidt (Yakwilli)
Wasserkuppenstraße 24
36115 Ehrenberg
Tel.: 06681-8214, Mobil: 0171-8410559
oder schaut sich die großen Fellträger erst mal auf dem Bildschirm an:
de-de.facebook.com/yakwilli

Das liegt auf der Hand: Die Speierlingsfrucht im Äppelwoi hat eine Aufgabe

Speierling im Äppelwoi macht den Unterschied

Darum ist das besondere „Stöffsche" teurer

Hat sich jemand eigentlich schon mal gefragt, warum es auch eine Apfelweinsorte namens „Speierling" gibt und was sie so besonders macht? Ein echter Hesse sollte das wissen. Wer glaubt, es handle sich hierbei um eine spezielle Apfelsorte, irrt. Der Speierling ist auch ein Obstbaum: Seine Früchte sehen wie Äpfel aus, es sind aber keine. Sie schmecken ziemlich sauer, aber der Saft der noch unreifen Früchte hat eine tolle Wirkung. Wenn man etwas davon dem klassischen Äppler zusetzt, macht ihn das klar und vor allem länger haltbar. Die Meinungen darüber, ob das hessische Nationalgetränk dadurch säuerlicher oder herber schmeckt, gehen auseinander.

Jedenfalls haben die Eberesche, die Schlehe und die Quitte einen ähnlichen Effekt und werden von manchen Keltereien deshalb ebenfalls verwendet. Der Speierlingsaft ist aber die edelste, jedoch sehr seltene Variante. In Hessen gibt es mit knapp 500 Exemplaren noch recht viele Bäume. Zum Vergleich: Dieselbe Menge verteilt sich in Österreich aufs ganze Land. Das macht deutlich, warum die Speierlingsfrucht bei den Kelterern so begehrt ist. Das erfuhr das Kamerateam des hr-fernsehens auf dem Obsthof Schneider am Steinberg in Frankfurt. Dort wachsen gleich drei unterschiedliche Speierlingssorten: Frankfurter Sonne, Sossenheimer Riese und der Typ Moos. Wer dort in den

Hofladen hineinschaut, kann sich sogar einen ganz feinen und 42-prozentigen Speierlings-brand sichern. Er kostet verständlicherweise fast doppelt so viel wie ein Apfelbrand.

Seit 1994 gibt es sogar einen „Förderkreis Speierling", der sich zur Aufgabe gemacht hat, diese Baumart zu schützen und zu för-dern. Das Holz des Speierlingsbaums ver-wendet man auch sehr gerne zur Herstellung von Musikinstrumenten, Werkzeugen und ed-len Möbelstücken. „Bitte nicht!", meinte dazu hr3-Moderatorin Anna Lena Dörr, „Sonst bleibt ja noch weniger für den Äppelwoi!"

Also zurück zum Apfelwein: Um unser ge-liebtes „Stöffsche" haltbar zu machen, kann es zwar auch geschwefelt werden, doch we-sentlich wohlschmeckender wird das Ganze mit dem Speierlings-Zusatz. Bedauerlicher-weise ist der Begriff Speierling nicht ge-schützt, weswegen einige pfiffige Anbieter allein schon die herbere Geschmacksrichtung als „Speierling" bezeichnen, ohne dass auch nur ein ein-ziges Tröpfchen dieses sel-tenen Fruchtsaftes im Äpp-ler ist. Also: Augen auf beim Stöffsche-Kauf.

ZUM FILM

Hier wächst der Speierling

Obsthof am Steinberg
Inhaber: Andreas Schneider
Am Steinberg 24
60437 Frankfurt am Main
Büro Tel.: 06101-9875725
Hofladen und Schoppenwirtschaft
Tel.: 06101-41522
www.obsthof-am-steinberg.de

Geöffnet:
Hofladen April-Okt. täglich 9-19 Uhr;
Nov.-März Mo-Fr 11-18 Uhr,
Sa/So 10-18 Uhr
Schoppenwirtschaft April-Okt.
Do/Fr 15-22 Uhr, Sa/So und Feiertage
11-22 Uhr; Nov.-März Sa 11-21 Uhr,
So 11-18 Uhr

Der „Herr der Äpfel" Andreas Schneider bietet das ganze Jahr interessante Veranstaltungen für Groß und Klein an, u. a. Apfel- und Erbeerwanderungen, Käse-Raclette mit Glühapfel und Jungweinprobe mit Lagerfeuer. Speierlingswanderungen. Termine und Preise gibt es auf der Homepage.

Der Drecksack

Unreif ist die Speierlingsfrucht zwar ein Augenschmaus, aber ganz schön sauer und nur als Äppler-Zutat ein Hit. Köstlich wird's erst, wenn's hässlich wird: Im reifen Zustand färbt sich die Frucht braun und wird weich – und süß! Aus diesem Grund wurden Speierlingsfrüchte im Frankfurter Raum früher unter dem Namen „Drecksäcke" ge-handelt. Heute kann man in ausgewählten Äppelwoi-Kneipen einen leckeren Speier-lingsbrand genießen, welcher in einem „Drecksäcksche" serviert wird. Das Säckchen wird beim Genuss des hochprozentigen Schnapses ausgesaugt. Wohl bekomm's!

Auf den riesigen, treppenartigen Sohlen wirkt der Kipper wie ein Spielzeug

Europas größtes Quarzit-Werk liegt im Taunus

Auf das Gestein aus Hessen fahren alle ab

Deutschland liegt im Herzen Europas – und Hessen im Herzen Deutschlands. Verkehrstechnisch gesehen heißt das: Unsere Straßen werden heftig frequentiert und müssen ganz schön was aushalten. Deshalb braucht es für den Bau ausreichend stabiles und resistentes Material – Quarzit. Praktischerweise haben wir das größte Quarzit-Werk Europas unmittelbar vor den Toren Frankfurts. Zwischen Friedrichsdorf und Usingen erstreckt sich ein gewaltiges tiefes Loch, dessen helles Gestein bei schönem Wetter derart blendet, dass man ohne Sonnenbrille nicht auskommt. Der Anblick ist faszinierend. Die

Bagger, Radlader und Schwerlastwagen, die sich über elf Terrassen auf 150 Höhenmetern bewegen, wirken auf den Besucher wie Spielzeuge. Dennoch ist ihre Leistung enorm: Über 200 Lkw-Ladungen verlassen täglich den Quarzit-Steinbruch Saalburg. Die Jahresproduktion liegt bei unglaublichen 1,3 Millionen Tonnen.

Die alten Römer haben das harte und witterungsresistente Gestein bereits für den Bau des dortigen Kastells verwendet. Wie der begehrte Quarzit entstanden ist, mag man aus heutiger Sicht kaum glauben. Thilo Orgis, der zuständige Manager der Betreiberfirma Cemex Kies & Splitt GmbH, erklärte dem hr: „Hier waren vor etwa 220 Millionen Jahren Meer und Strand. Aus ganz feinem Strandsand ist der Quarzit letztendlich entstanden." Zunächst geriet dieser Sand in tiefere Erdschichten. Später wurden diese durch erdinnere Kräfte wieder nach oben bewegt – bis man entdeckte, dass sich der Taunus-Quarzit ganz hervorragend zum Straßenbau eignet.

Als der Betrieb 1901 seine Arbeit aufnahm, mussten dort bis zu 200 Arbeiter schwer schuften und buchstäblich Steine klopfen. Heute übernehmen das Hydraulikbagger und riesige Vorbohrer, die aus den großen Gesteinsbrocken handliche Quarzitstücke machen. In 20 verschiedenen Körnungen und Zusammensetzungen geht das Material dann auf den Weg zu den hessischen Straßenbaustellen. Aufhellungssplitt für die oberen Teerschichten oder auch roter Quarzit als Frostschutz sind nur einige Variationsbeispiele.

Die Vorkommen der begehrten Gesteinsart am Rande der Gemeinde Wehrheim sind gewaltig, sodass man in den nächsten 50 Jahren eine Abbau-Erweiterung um zehn Hektar plant. Da stellt sich natürlich zwangsläufig die Frage: Bleiben nach dem Abbau Bergwerksruinen und große Löcher in der Landschaft? Selbstverständlich hackt man nicht einfach Quarzit aus der Erde und lässt riesige Krater zurück. Den alten Steinbruch aus dem frühen 20. Jahrhundert – er war etwa vier Hektar groß – hat man wieder verfüllt und zum Teil sogar rekultiviert. Offenbar fühlen sich dort und am Rande des derzeitigen Steinbruchs bereits zahlreiche Tierarten sehr wohl. Der Straßenbau in Hessen ist in den nächsten Jahrzehnten jedenfalls

gesichert – durch den Quarzit aus dem Taunus. Thilo Orgis brachte es auf den Punkt: „Da ist sicher jeder Hesse schon mal drübergefahren."

ZUM FILM

Gestein mit Tradition

Quarzit war schon in der Steinzeit ein begehrter Werkstoff. Viele der aus dieser Zeit stammenden Werkzeuge wurden aus Quarzit gefertigt, weil dieser die nötige Festigkeit aufwies. Heute wird Quarzit hauptsächlich von der Bauindustrie verarbeitet, aber auch bei der Herstellung von optischen Spezialgläsern findet Quarzit beispielsweise häufig Verwendung.

Quarzitblickroute ⓘ

Wer den Ausblick auf den Steinbruch mit einem Streifzug durch die schöne Umgebung verbinden will, kann das mit dem Rad oder auch zu Fuß tun. Die Quarzitblickroute beginnt in Wehrheim (Rathaus/Tourist-Info) und führt bergauf zum Bundeswehrdepot. Von dort biegt man in den Wald ab und gelangt über einen schönen Weg durch den Buchenwald zum Aussichtspunkt Köpperner Steinbruch.

Dauer: etwa 1,5 Stunden

Länge: 14,4 Kilometer

Weitere Informationen auf www.taunus.info

22

So essen die Hessen sie am liebsten: Grüne Soße mit Ei und Pellkartoffeln

Die Grüne Soße kommt aus Italien

Hieß es nicht, die stamme von Goethes Mama?

„Also, des muss mer de Mamma lasse: Grie' Soß mache, des kannse." So lautete der erste Satz vom Babba in der ersten Episode der legendären hr-Hörspielserie „Die Familie Hesselbach", die später auch fürs hr-fernsehen produziert wurde. Und genau diese Mamma verriet damals sogar ihr Rezeptgeheimnis: „Kaa Wunner, da sinn awwer aach drei Eier enoi geschnibbelt." Ganz klar: Hart gekochte Eier gehören hinein. Ansonsten gehen jedoch die Meinungen darüber auseinander, wie eine echte „Grie' Soß" zubereitet werden muss. Besonders die Mayonnaise ist für Puristen absolut indiskutabel. Auch saure Gurken, Knoblauch oder gar Zwiebeln haben nichts darin verloren, behaupten sie. In der Tat sind die Rezepte so verschieden wie die Geschmäcker. Ein unumstößliches Originalrezept gibt es nicht. In einem Punkt sind sich aber alle Hobby- und Profiköche einig: Sieben Kräuter sind die Grundlage dieser wohl größten Berühmtheit der hessischen Küche – Petersilie, Sauerampfer, Schnittlauch, Borretsch, Kerbel, Kresse und Pimpinelle.

Aber wer hat's erfunden? Die Legende behauptet ja, es handle sich hierbei um Goethes Leibspeise und seine Mutter Aja hätte sich das Rezept ausgedacht. Zumindest Letzteres gilt inzwischen als Quatsch mit Soße, denn die Beweise, dass es sich nicht um eine hessische Erfindung handelt, sind erdrückend. Ganz genau kennt den Ursprung dieser Spezialität zwar niemand, aber eine Theorie geht auf die Hugenotten zurück. Die

sollen ihre „sauce verte" Ende des 17. Jahrhunderts aus Frankreich mitgebracht haben. Mittel- und Nordhessen gehörten zu den bedeutendsten hugenottischen Siedlungsgebieten. Eine andere Theorie besagt, die Grüne Soße sei im frühen 18. Jahrhundert von der italienischen Handelsfamilie Bolognaro nach Frankfurt gebracht worden. In Italien kennt man die „salsa verde" nämlich schon seit der Römerzeit. Und wieder andere führen die grüne Soßenspur bis in den Orient zurück, doch darüber weht der Wüstenwind der Ungewissheit.

Rezept Grüne Soße

300 g Kräuter (Petersilie, Schnittlauch, Sauerampfer, Borretsch, Kresse, Kerbel, Pimpinelle), 2 gekochte Eier, 250 g Quark, 150 g Naturjoghurt, 200 g saure Sahne, 1 EL Essig und Öl, Salz, Pfeffer

Kräuter fein hacken und mit den Milchprodukten zu einer Soße verarbeiten. Die klein geschnittenen Eier, Essig und Öl dazugeben und mit Salz und Pfeffer abschmecken. Die Soße sollte rund zwei Stunden im Kühlschrank durchziehen und wird traditionell mit frischen Pellkartoffeln und Eiern serviert.

Niemand kann ernsthaft bestreiten, dass die „Grie' Soß" in Hessen am besten schmeckt und zum echten Kult geworden ist. Nur um die bedauerliche Tatsache kommen wir nicht umhin: Sie ist sehr wahrscheinlich ein Import aus Italien.

ZUM FILM

Kult um die Soße

Denkmal
Das Kunstwerk von Olga Schulz steht in Frankfurt-Oberrad (Kochstraße, Ecke Speckgasse). Jedes der sieben Gewächshäuser zeigt sich in einem anderen Grün – passend zu den sieben Kräutern des hessischen Nationalgerichts. Besonders schön leuchten die Häuschen natürlich beim „Nachtglühen". Infos auf www.frankfurt.de

Festival
Das „Grüne Soße Festival" findet jedes Jahr auf dem Frankfurter Roßmarkt statt. Sieben Tage lang treten je sieben Gastronomen aus der Region im Wettbewerb um die sieben Kräuter und den Titel „Grüne Soße König" an. Das Publikum kann sich nicht nur auf die leckersten Grünen Soßen freuen, sondern auch auf beste Unterhaltung mit namhaften Künstlern.

Preise: je nach Veranstaltung und Kategorie ab 38 Euro

Nächster Termin: 17. bis 24. Mai 2014

Infos zu Tickets und Programm: Tel.: 069-48002525, www.gruene-sosse-festival.de

23

Die Waldgaststätte an der niedersächsischen Tillyschanze liegt auf hessischem Gebiet

Niedersachsen hat eine hessische Gemeinde

Ein kurioses Leben zwischen zwei Bundesländern

Wo gibt es wohl heutzutage noch eine 100-prozentige Wahlbeteiligung? Das ist nur im Forstgutsbezirk Reinhardswald denkbar, der mit 180 Quadratkilometern flächenmäßig zweitgrößten Gemeinde unseres Bundeslandes. Nur die Stadt Frankfurt ist größer. Allerdings kann der Gutsbezirk mit der Einwohnerzahl der Mainmetropole nicht ganz mithalten. Tatsächlich leben auf dieser riesengroßen Fläche nur zwei Menschen: Gastwirt Reinhold Heck und seine Verlobte Marlies Scheffel. Die beiden betreiben ein Restaurant an der Tillyschanze, einem historischen Aussichtsturm mit Blick auf die Stadt Hannoversch Münden (offiziell nur Hann. Münden genannt) – in Niedersachsen. Ihre Gaststätte und ihr Zuhause liegen zwar in unmittelbarer Nähe, aber auf hessischem Gebiet. Kurioserweise haben die beiden weder eine Adresse noch eine Postleitzahl. Reinhold Heck sieht das gelassen: „Der Wald ist unsere Adresse", sagte er dem hr-fernsehen bei den Dreharbeiten für die „fünfzig dinge ... die ein Hesse wissen muss!".

Die Verwaltungsprofis hatten diese Gemeinde offenbar genauso wenig auf ihrem Plan wie die Strategen der Deutschen Post. Damit man dem Pärchen wenigstens Pakete und Briefe schicken kann, haben sie sich ein Postfach in der benachbarten niedersächsischen Stadt eingerichtet, wohin sie nur eine Viertelstunde zu Fuß benötigen.

Wenn Wahlen sind, weichen Marlies und Reinhold in den Nachbarbezirk Reinhardshagen aus. Ein eigenes Wahllokal ist schon allein aus Gründen des Wahlgeheimnisses nicht möglich, denn bei zwei Stimmen könnte man viel zu leicht erraten, wer wen gewählt hat. Als Bürgermeister fungiert der Forstamtsleiter von Reinhardshagen, der in diesem speziellen Fall nicht gewählt, sondern vom Landrat bestimmt wird. Naja, er hat ja auch nicht viele Bürger zu meistern.

An die Kuriositäten ihres Wohnortes haben sich die beiden zwar schon gewöhnt, doch wird ihnen im alltäglichen Leben immer wieder bewusst, dass sie zwischen die Zuständigkeiten zweier Bundesländer geraten. Ihr Haus liegt in Hessen, aber alle Zufahrten und Wege dorthin in Niedersachsen. Wer hat sich um die Versorgungsanschlüsse zu kümmern? Die Niedersachsen müssen es zwar nicht, tun es aber – nicht zuletzt, weil für Hannoversch Münden der Ausflugsort Tillyschanze eine hübsche und idyllische Attraktion ist. Die Sache mit der Adressenlosigkeit ist und bleibt aber dennoch eine einmalige Absurdität in ganz Hessen.

Marlies und Reinhold sind aber auf jeden Fall etwas ganz Besonderes und ihr Zuhause ist ein einziges – auch buchstäbliches – Alleinstellungsmerkmal. Für jeden Hessen bleibt wissenswert: Die zweitgrößte Gemeinde Hessens hat ganze zwei Einwohner; und zwar zwei sehr nette.

ZUM FILM

Reinhold Heck und seine Verlobte Marlies

Der „Grenz-Wald"

Was man über den Reinhardswald noch wissen sollte und was es hier alles zu sehen und zu erleben gibt, erfährt man bei (siehe dazu auch Platz 3):

Tourist-Info Märchenland
Reinhardswald
Tel.: 05671-5070400
www.reinhardswald.de

Mehr zur Tillyschanze und der Waldgaststätte von Reinhold Heck gibt es auf www.tillyschanze.de

Mit Sportlern legt man die Nerobergbahn lahm

Ein 40-köpfiges Footballteam braucht man aber

Aufstieg dank Wasserkraft: Nahezu geräuschlos erklimmt die Bahn den Berg

Am 25. September 2013 feierte Wiesbaden einen ganz besonderen Geburtstag: Die Nerobergbahn wurde 125 Jahre alt. Seit ihrer Inbetriebnahme 1888 funktioniert sie nach einem gleichermaßen verblüffenden wie seltenen Grundprinzip: Antrieb durch Wasserlast. Der Wagen am Bergbahnhof wird mit bis zu 7.000 Litern Wasser „betankt" und zieht durch dieses immense Gewicht den Wagen im Talbahnhof über eine Winde hinauf. Die Zahnradtechnik dient also hier erstaunlicherweise nicht zum Antrieb, wohl aber zur Geschwindigkeitsregulierung und zum Bremsen: Der Fahrer drosselt die Bahn ständig mit der sogenannten „Zahnstange". Die Nerobergbahn ist nicht zuletzt wegen dieses cleveren Antriebssystems einzigartig in ganz Deutschland und lockt jährlich rund 300.000 Besucher an. Und dabei ist dieses herrliche Unikum nicht nur nostalgisch, sondern auch absolut zukunftsweisend: Nirgendwo sonst kann man per Bahn einen knappen halben Kilometer bergauf fahren, ohne Strom oder Brennstoffe zu verbrauchen. Natürlich gehen diese Berg- und Talfahrten auch noch ziemlich geräuscharm vonstatten, weil es ja keinen Motor gibt. Bis zu 40 Personen können so den Wiesbadener Hausberg hinauf und wieder hinunter transportiert werden.

„Können sie das wirklich immer?", fragte sich hr3-Moderator Tobias Kämmerer und überlegte sich zum Geburtstag eine große Herausforderung für die alte Bahn. Er wollte es wissen: Was passiert, wenn die 40 Sitzplätze eines Talwagens mit echten Schwergewichten besetzt sind? Dem Nerobergbahn-Fahrer Jan Rauch gab er deshalb die klare Ansage: „Ich werde heute deine Bahn stilllegen." Er hatte 39 Football-Spieler der Wiesbaden Phantoms im Schlepptau, von denen

Sollte die Bahn zum Stillstand bringen: das 40-köpfige Team der Wiesbaden Phantoms

Die Nerobergbahn in Zahlen

Betriebsbeginn: ....25. September 1888

Antrieb: ....Wasserballast

Gleislänge: ....438 m

Höhenunterschied: ....83 m

Größte Steigung: ....26 %, im Durchschnitt 19 %

Füllung Wasserbehälter an den Stationen: ....Berg 370 m³, Tal 220 m³

Mögliche Wasserfüllung der Wagen: ....7.000 kg

Wagengewicht: ....8.100 kg

Fahrzeit: ....ca. 3 ½ Min.

Fahrgeschwindigkeit: ....7,3 km/h, ca. 2 m/s

Besetzung: ....bis zu 40 Personen

Daten von www.nerobergbahn.de

Seit 1888 legt die Drahtseilbahn mit Wasserantrieb die 438-Meter-Strecke zurück

kaum einer unter 100 Kilogramm wiegt. Sie hatten nichts weiter zu tun, als in der Bahn Platz zu nehmen und Tobis Anweisung zu folgen: „Macht euch richtig schwer, Jungs!" Fahrer Jan Rauch glaubte aber immer noch an die Überlegenheit des randvollen, sieben Tonnen schweren Wassertanks im oberen Wagen. Anfangs lief auch noch alles nach Plan, da die ersten Meter nicht die steilsten sind. Doch die durchschnittlich 19-prozentige Steigung wollte mit einer solch kraftvollen Ladung erst mal überwunden werden. Und tatsächlich schwächelte die Bahn schon auf dem Viadukt, das mit seinen vier gemauerten Bögen das Nerotal überspannt. Als es dann auf dem ersten steileren Streckenabschnitt zum Stillstand kam, war der Jubel der Footballer und natürlich auch bei Herausforderer Tobi riesig. Doch für ihn gab es auch eine schlechte Nachricht. „Du hast zwar die Wette gewonnen, aber du musst jetzt anschieben", machte ihm der Fahrer klar. Obwohl ihm Dieter Sahm, der Betriebsleiter der Nerobergbahn, dabei half, kam Tobi bei dieser ungewöhnlichen Schiebung ganz schön ins Keuchen. Aber den Triumph ließ er sich trotzdem nicht nehmen. Am Ende seiner Kräfte konnte er immerhin noch in die Kamera hauchen: „So sehen Sieger aus."

Nun wissen wir es also: Es braucht 40 Schwergewichte, um die Nerobergbahn still zulegen. Aber es braucht dann auch den einen oder anderen tapferen Wettsieger, um Hand anzulegen und den Talwagen nach oben zu schieben. Beim jährlich im Mai stattfindenden Nerobergfest kann man sich aber auch noch ganz anders mit der betagten Zahnradbahn messen: Der Wettlauf „Mensch gegen Maschine" ist die ultimative Herausforderung für jeden Besucher, ob er schneller den Berg erklimmen kann als die Bahn. Wer aber ganz normal und friedlich rauf- und runterfahren will, wird genauso viel Spaß haben. Bei einer Höchstgeschwindigkeit von 7,3 Stundenkilometern geht es ganz gemütlich zur Bergstation, von der aus man einen wunderbaren Blick über Wiesbaden hat.

ZUM FILM

Auf und ab mit Wasserlast

Zur Talstation:
Wilhelminenstraße 51
(für Navis: Nerotal 66)
65193 Wiesbaden

Preise: Einzelfahrt 2,50 Euro, Kinder (bis 14) 1,25 Euro, Berg- und Talfahrt 3,30 Euro, Kinder 1,65 Euro

Fahrzeiten: April, Sept., Okt. Mo-Fr 11-19 Uhr, Sa/So und Feiertage 10-19 Uhr; Mai-Aug. täglich 9-20 Uhr; die Bahn verkehrt alle 15 Minuten. Außerhalb der Betriebszeiten sind Sonderfahrten möglich.

Weitere Informationen und aktuelle Veranstaltungen unter
Tel. 0611-2368500 oder auf
www.nerobergbahn.de

Im Genzmer Häuschen, dem ehemaligen Toilettenhäuschen direkt an der Bahn, kann man in einem kleinen Museum zu den Betriebszeiten kostenlos einen Blick in die Geschichte der Bahn werfen.

Moderieren: Kristin Gesang, Holger Weinert, Constanze Angermann und Andreas Hieke (v. l.)

Die Hessenschau zeigt, was wichtig ist

Das Regionalmagazin läuft seit über 50 Jahren

Täglich um 19.30 Uhr drückt jeder vierte hessische Fernsehzuschauer auf seiner Fernbedienung die Drei – denn dann läuft im hr-fernsehen die Hessenschau. Seit über 50 Jahren ist sie die wichtigste Nachrichtensendung des Hessischen Rundfunks.

Am 2. Januar 1961 strahlte der hr die erste Ausgabe seiner neuen regionalen Informationssendung aus. Damals war die Hessenschau noch Teil des ARD-Regionalprogramms. Ein eigenes Fernsehprogramm für Hessen gab es nämlich noch gar nicht: Das zunächst „Hessisches Fernsehprogramm"

genannte hr-fernsehen wurde erstmalig 1964 ausgestrahlt.

Die Hessenschau wurde damals übrigens noch nicht von Moderatoren präsentiert, aber das Grundprinzip der Sendung blieb immer das gleiche. Der Fernsehdirektor des Hessischen Rundfunks Manfred Krupp war selbst einmal Chef des Regionalmagazins: „Zwischen dem Fernsehmachen von heute und damals liegen Welten. Geblieben aber ist das Ziel, jeden Tag das Wichtigste aus ganz Hessen zu zeigen. Seit über 50 Jahren trägt die Hessenschau dazu bei, Hessen zu einem einheitlichen

74

Bundesland zusammenzuführen, ihm eine Identität zu geben."

Und das macht die Hessenschau auch heute noch. Jeden Morgen treffen sich die Redakteure und Autoren der Sendung um 9.45 Uhr zur Themenkonferenz. Zu diesem Zeitpunkt stehen noch nicht alle Inhalte fest. Vieles ergibt sich kurzfristig während des Tages. Dennoch wird bereits um diese Zeit diskutiert, was die Themenschwerpunkte des Tages sind. Die Autoren fahren danach mit den Kamerateams zu den Drehorten und setzen ihre Beiträge um. Wenn irgendwo in Hessen aber etwas Wichtigeres passiert, kann es geschehen, dass diese Filme wieder aus der Sendung fliegen. In so einem Fall wird es hektisch in der Redaktion, denn dann zählt jede Minute. So werden aus ganz normalen Redakteuren plötzlich rasende Reporter.

Nachmittags kommen die Autoren mit dem gedrehten Videomaterial in das Funkhaus am Dornbusch oder die regionalen Studios in ganz Hessen und schneiden das Drehmaterial mit den Cuttern, den Bildnachbearbeitern, am Computer zusammen. Jetzt erst entsteht der Film, meistens unter Zeitdruck. Trotzdem muss alles inhaltlich korrekt sein, der Film muss verständlich bleiben, denn im Fernsehen kann man nicht so ohne Weiteres zurückspulen. Man hat keine zweite Chance. Deshalb gibt es eine Filmabnahme, in der der Autor dem Chef vom Dienst seinen Film vorspielt und seinen Text dazu vorliest. Dann wird entschieden, ob alles nachvollziehbar und richtig ist und es wird kritisch hinterfragt: Muss noch etwas umgeschnitten oder umgetextet werden? Gibt es Fakten, die noch zu sichern sind?

Erst wenn der Chef vom Dienst den Film abnimmt, darf der Autor ihn in der Synchronmischung vertonen. Hier wird die Sprache aufgenommen und der Film liegt danach fertig zur Sendung vor. Nicht selten geschieht das bei besonders aktuellen Filmen noch direkt vor der Sendung, manchmal sogar noch während der ersten Minuten, in denen die Hessenschau schon ausgestrahlt wird. So bekommen die Zuschauer das Wichtigste vom Tage aus ihrer Region immer aktuell zu sehen. Redaktionsleiter Frank Böhm dazu: „Das, was die Hessen bewegt, muss in der Sendung abgebildet werden. Wir wollen ganz Hessen im Blick haben und jeden Tag eine spannende Sendung für unsere Zuschauer machen!"
Das wissen die Zuschauer offenbar auch zu schätzen. Dafür sagt der Hessische Rundfunk: „Danke schön!"

ZUM FILM

Ein Tag in Hessen

Ob aus Politik, Wirtschaft oder Kultur: Die Hessenschau berichtet täglich um 19.30 Uhr von interessanten Geschehnissen aus Hessen und hält ihre Zuschauer immer auf dem Laufenden.

Moderation Hessenschau:
Constanze Angermann, Kristin Gesang, Andreas Hieke, Holger Weinert

Moderation Hessenschau kompakt:
Sarah Dippel, Robert Hübner, Alrun Kopelke, Claudia Schick, Selma Üsük, Martin Wirsing

Mehr Infos zur Hessenschau unter: www.hessenschau.de

Ganz schön groß und hochmodern: die Löschfahrzeuge der Frankfurter Flughafenfeuerwehr

Frankfurts Airport hat den schnellsten Löschzug

Sicher ist sicher – dank der Flughafenfeuerwehr

Deutschlands größter Flughafen liegt bei uns in Hessen. Er wächst unaufhaltsam und braucht deshalb natürlich ständig angepasste Sicherheitsvorkehrungen. Der Brandschutz steht in der Prioritätenliste ganz weit vorn. Die Flughafenfeuerwehr hat eine kaum einschätzbare Verantwortung, wenn man sich allein schon die ganze Infrastruktur dieses drittgrößten europäischen Airports vor Augen führt: Die Parkhäuser können 14.500 Autos aufnehmen, in den Flughafenhotels leben bis zu 3.000 Gäste, der Fern- und der Regionalbahnhof kommen mit ihren zahllosen Fahrgästen noch hinzu. Außerdem gibt es

natürlich riesige Flugzeugwerften, ganz zu schweigen vom eigentlichen Terminalgebäude und den startenden und landenden Flugzeugen.

Die Flughafenfeuerwehr ist für einfach alles zuständig, egal ob ein Flugzeug oder ein Gebäude brennt, ob eine Maschine notlanden muss – oder ob sonst irgendwo technische Hilfe benötigt wird. Auch bei Verkehrsunfällen um das Flughafengelände oder wenn eine Tierrettung ansteht, wird sofort ausgerückt.

Drei Feuerwachen gibt es auf dem riesigen Areal, das etwa so groß ist wie 4.000 Fußballfelder. Sie müssen gewährleisten, dass im Notfall jeder Bereich, in dem sich Flugzeuge bewegen, innerhalb von drei Minuten erreicht wird. Dazu braucht es nicht nur immense Löschmittelmengen, sondern selbstverständlich auch besonders moderne und schnelle Einsatzfahrzeuge. Dafür gibt es mehrere Löschzüge, einer davon mit 140 km/h Spitzengeschwindigkeit; vermutlich der schnellste in ganz Deutschland – sowie einen Gefahrgutzug und einen Rüstzug. Letzteren braucht man insbesondere bei technischen Hilfeleistungen.

Über 300 Frauen und Männer sind hier hauptberuflich im Einsatz – selbstverständlich im 24-Stunden-Betrieb. Etwa 5.500 Einsätze müssen pro Jahr bewältigt werden; das sind mehr als bei so mancher großstädtischen Berufsfeuerwehr. Bei ungefähr 50.000 Brandmeldern auf dem Gelände sind zehn Fehlalarme pro Tag völlig normal. Eine richtig große Brandkatastrophe hat es auf dem Frankfurter Flughafen aber Gott sei Dank bislang noch nie gegeben.

Angesichts dieses enormen Anforderungsprofils hat man vor Ort eine eigene Ausbildungsstätte geschaffen, das sogenannte „Feuerwehr Training Center" (FTC). Hier können sich auch andere Feuerwehren ausbilden lassen, denn die Jungs und Mädels vom Flughafen sind rettungstechnisch einfach mit allen Wassern gewaschen. Wer dieser perfekten Feuerwehr mal über die Schulter schauen oder sich ihren Fuhrpark ansehen will, kann das hier tatsächlich tun und sich beim Fraport-Besucherservice anmelden.

ZUM FILM

Unverzichtbar: Feuerwehrübungen

Hinter den Kulissen

Frankfurter Flughafen
60547 Frankfurt am Main
Tel.: 0180-63724636
(Festnetz 0,20 Euro/Anruf,
Mobilfunk max. 0,60 Euro/Anruf)

Bei der **Feuerwehr-Tour** am Frankfurter Flughafen kann man die riesigen Löschfahrzeuge aus nächster Nähe in Augenschein nehmen, während ein Brandschutzexperte wissenswerte Fakten liefert und Fragen beantwortet. Alle anderen interessanten Bereiche des Flughafens stehen ebenso auf dem Programm.

Preise: 17 Euro/Person
(April-Nov. inkl. Eintritt zur Besucherterrasse)

Anmeldung über Frankfurter-Stadtevents
Tel.: 069-97460327
Mail: info@frankfurter-stadtevents.de
www.frankfurter-stadtevents.de

Der **Besucherservice** des Frankfurter Flughafens bietet noch weitere Rundfahrten an. Informationen auf der Internetseite
www.frankfurt-airport.de

Der Rheinsteig macht den Alpen Konkurrenz

Echtes Bergwandern ist auch in Hessen möglich

Das Wandern ist des Hessen Lust – 2.200 Höhenmeter kann man in 24 Stunden zurücklegen

24 Stunden! 72 Kilometer! 2.200 Höhenmeter! Vier Millionen Schritte! Das war das ambitionierte Actionprogramm eines Mannes aus Geisenheim: Wolfgang Blum ist von einem Wanderweg entlang des Rheins begeistert, der sich seit seiner Eröffnung im September 2005 zu einem der beliebtesten Freizeitziele zwischen Wiesbaden und Bonn gemausert hat. Genau das ist nämlich die Strecke, die der Rheinsteig bewältigt. Er führt am rechten Ufer des Flusses entlang – insgesamt 320 Kilometer mit atemberaubenden Aussichten, Sehenswürdigkeiten und alpiner Landschaft.

Doch was hat es mit Wolfgang Blums 24-Stunden-Programm auf sich? An Pfingsten 2013 lud er zum dritten Mal zu dieser außergewöhnlichen Teamtour ein, 72 ausdauernde Wanderer und Wanderinnen machten mit. Unterwegs stieg nur ein einziger Teilnehmer aus. Mit dieser Leistung heimste die Aktion den inoffiziellen Titel der erfolgreichsten 24-Stunden-Wanderung im deutschsprachigen Raum ein. Das hr-fernsehen war mit dabei, als der zertifizierte Natur- und Landschaftsführer sein Team von Kestert bis ins heimische Geisenheim führte.

„Das Schönste daran sind immer wieder die Päuschen", sagte einer der Teilnehmer. Unterwegs gab es zwar zwischendurch öfter eine Rast, aber im Grunde mussten alle im Team 24 Stunden am Stück fit sein. In der Nacht liefen die Wanderer dem Schein ihrer Stirnlampe hinterher, bis der Tag langsam

Liegt auch am Rheinsteig: Schloss Vollrads, das älteste Weingut Deutschlands

Fakten zum Rheinsteig

▶ Der Fernwanderweg wurde im September 2005 eröffnet.

▶ Er ist ein Gemeinschaftsprojekt der drei Bundesländer Rheinland-Pfalz, Hessen und Nordrhein-Westfalen.

▶ Die Strecke durchquert die Kulturlandschaften Siebengebirge, Unteres Mittelrheintal, UNESCO-Welterbe Oberes Mittelrheintal (www.welterbe-mittelrheintal.de) und Rheingau in 23 Etappen.

▶ Der Weg führt von Wiesbaden (Schloss Biebrich) bis Bonn (Marktplatz).

▶ Die Strecke ist 320 Kilometer lang und überwindet Höhenunterschiede von über 10.000 Metern. Der höchste Punkt liegt auf dem Berg Löwenburg im Siebengebirge (345 Meter ü. NN), der niedrigste beim Alten Zoll/Dreikönigenbastion in Bonn (51 Meter ü. NN).

▶ Der Rheinsteig wurde vom Deutschen Wanderinstitut Marburg mit dem Deutschen Wandersiegel „Premiumweg" ausgezeichnet.

Hart erkämpft und gerade deshalb ein Genuss: Der Wanderer wird mit tollen Aussichten beloh

erwachte. Festes Schuhwerk ist unverzichtbar, denn teilweise führt der Rheinsteig durch felsiges Gelände, über Kletterstufen hinweg und an steilen Abhängen entlang. Besonders spektakulär ist die Aussicht von der sagenumwobenen Loreley in Rheinland-Pfalz, von der aus man 125 Meter in die Tiefe blickt.

Wolfgang Blum ist als Rheinsteig-Wegepate begeistert vom Wandern auf buchstäblich hohem Niveau. Sein Team war beim abschließenden Glas Siegersekt nicht nur von Stolz erfüllt, sondern auch von den Eindrücken der wunderbaren Landschaft des Oberen Mittelrheintals begeistert, das zum UNESCO-Welterbe zählt. Wer das alpine Abenteuer wagen will, hat mehrere Möglichkeiten. Die attraktiven Etappen haben unterschiedliche Schwierigkeitsgrade. Entlang des Rheintals weisen ockergelbe Hinweisschilder den Weg zur Hauptroute des Rheinsteigs. Dieser ist mit einem markanten Logo gekennzeichnet: einem weißen „R" als stilisierter Flusslauf auf einem blauen Rechteck. Das ist zwar nicht zu übersehen, wird aber bedauerlicherweise immer mal wieder von übereifrigen Souvenirjägern abmontiert. Doch auf dem Rheinsteig geht kein Wanderer verloren, denn die Route ist „unverlaufbar" markiert.

Los geht's für alle Hessen in der Landeshauptstadt Wiesbaden. Am Rheinufer nahe des Biebricher Schlosses entdeckt man die erste Wegmarkierung des Rheinsteigs; hier ist der Ausgangspunkt für den Weitwanderweg mit den meisten Höhenmetern Deutschlands außerhalb der Alpen.

ZUM FILM

Wanderbares Welterbe

Alle **Informationen** zum Rheinsteig und seine Etappen gibt es bei:

Rheinsteig-Büro
Romantischer Rhein Tourismus
Tel.: 06771-959380
Mail: info@rheinsteig.de
www.rheinsteig.de

Geöffnet: März-Okt. Mo-Fr 8-18 Uhr, Sa/So 10-18 Uhr; Nov.-Feb. Mo-Fr 8-17 Uhr, Sa/So 11-16 Uhr

Rheingau-Taunus Kultur und Tourismus
Pfortenhaus Kloster Eberbach
65346 Eltville am Rhein
Tel.: 06723-99550
Mail: tourist@kulturland-rheingau.de
www.kulturland-rheingau.de
www.rheingau.de

Geöffnet: Mo-Do 9-17 Uhr, Fr 9-13 Uhr

Das ganze Jahr über werden verschiedene Wanderungen und **Führungen** durch das UNESCO-Welterbe Oberes Mittelrheintal angeboten. Informationen auf www.gaestefuehrer-mittelrhein.de

Das Zeichen der Hauptroute

Leben im Notaufnahmelager – so sah 1988 der Alltag vieler Menschen aus

Gießen war für viele das Tor zur Freiheit

DDR-Flüchtlinge fanden hier einst Zuflucht

Im „Wendejahr" 1989 rückte ein Ort in Hessen mehr denn je in den Mittelpunkt der Medienberichterstattung Deutschlands, Europas und sogar darüber hinaus: Das seit 1946 bestehende Notaufnahmelager in Gießen nahm damals zu Spitzenzeiten täglich über 1.000 Flüchtlinge aus der DDR auf, die fest entschlossen waren, den Osten hinter sich zu lassen und im Westen ihr Leben neu zu beginnen.

Heinz Dörr, seinerzeit Leiter des Lagers, erinnerte sich vor der Kamera: „Da war ein gewaltiger Massenzugang an Leuten, die über Ungarn, später dann über die Tschechei kamen." Mit einer ungewöhnlichen Demut standen sie Schlange, um das Aufnahmeverfahren über sich ergehen zu lassen und ein erstes Taschengeld in Höhe von 15 Mark zu bekommen. Keiner von ihnen wusste, was die Zukunft bringt. Sie waren ohne Hab und Gut von zu Hause weggegangen und fanden sich in der westlichen Welt wieder, die gleichzeitig so schön, aber auch so schwierig erschien. Sie folgten den Wegweisern zum Arbeitsamt und zu karitativen Einrichtungen, um den Neustart in der Bundesrepublik anzugehen. Am Zettelzaun gab es von Jobangeboten bis zu Heiratsanträgen einfach alles. In Gießen befand sich im Jahr des Mauerfalls für 120.000 DDR-Flüchtlinge nicht mehr und nicht weniger als das Tor zur Freiheit.

1946, ein Jahr nach Kriegsende, war das ursprünglich nur provisorisch angelegte Durchgangslager in der Nähe des Gießener Bahnhofs auf Betreiben der US-Militärregierung entstanden. 1950 erhielt es dann den einerseits nüchternen, andererseits aber auch hoffnungsvollen Namen „Notaufnahmelager". Es wurde zur zentralen Einrichtung des Bundes, speziell für deutsche Flüchtlinge aus dem Osten. Schon vor dem Mauerbau waren es Millionen. Die Anzahl der DDR-Flüchtlinge ging von 1962 bis 1989 aufgrund der Undurchlässigkeit der innerdeutschen Grenze stark zurück. Doch nachdem die Ungarn den Eisernen Vorhang 1989 geöffnet hatten, diente das Lager wieder mit all seinen räumlichen Kapazitäten seinem ursprünglichen Zweck – bis zum 1. Juli 1990. Insgesamt kamen viereinhalb Millionen Menschen aus der Sowjetischen Besatzungszone und der DDR nach Gießen, um im Westen Fuß zu fassen. Für die Stadt war das nicht immer einfach, aber sie hat sich damit einen unverrückbaren Platz in der Geschichte Deutschlands erworben.

ZUM FILM

Gießen entdecken

i

Für das ehemalige Notaufnahmelager in Gießen ist eine Gedenkstätte geplant. Seit 1991 fungiert es als Asylbewerberheim.

Gießen hat aber noch mehr zu bieten. Als die deutsche Stadt mit der höchsten Studentendichte ist sie eine junge, lebhafte Stadt mit sehenswerten Museen (z. B. Mathematikum, Oberhessisches Museum, siehe Platz 1, oder Liebig-Museum), Parks, Burgen und Schlössern.

Tipps rund um Sehenswertes, Stadtführungen und Veranstaltungen gibt es hier:
Tourist-Information Gießen
Berliner Platz 2, 35390 Gießen, Tel.: 0641-3061890, www.giessen-tourismus.de

Mit Sack und Pack am Bahnhof Gießen: DDR-Flüchtlinge im Herbst 1989

29

Starke Helfer sind nötig, um das Feuerrad zur Darsberger Fassenacht ins Rollen zu bringen

Im Odenwald haben Feuerräder Tradition

Feuer und Flamme für den hessischen Volksbrauch

Zeit für den wohl heißesten hessischen Brauch ist es jedes Jahr dann, wenn es draußen eigentlich noch recht frisch ist: am Fastnacht-Dienstag. Vor allem im Odenwald rollen dann gigantische Feuerräder zu Tal und sorgen für flammende Spektakel, zu denen sich Tausende von Kostümierten versammeln und noch mal so richtig feiern, ehe es in die Fastenzeit geht. Einen besonderen Kaventsmann von Feuerrad gibt es bei der Darsberger Fastnacht zu bewundern. Dort, bei Neckarsteinach im Kreis Bergstraße, stopft man fast 1.000 Kilogramm Stroh in einen mannshohen Rundkäfig. Damit das bei nasskaltem Wetter ordentlich brennt, tränkt man es mit Terpentin.

Acht kräftige Männer bringen das brennende Strohrad anschließend ins Rollen – den Darsberg hinunter, wo Leuchtfeuer die Bahn dafür markieren und das Ganze noch flackernder gestalten. Wenn dann noch mit Fackeln ausgerüstete Hexen und Hexer umhertanzen, kann der Winter eigentlich nur noch kalte Füße bekommen.

In Langenthal, einem Ortsteil von Hirschhorn im Odenwald, ist das heiße Spektakel am Fastnacht-Dienstag besonders faszinierend. Das Feuerrad wird durch einen etwa 15 Meter langen Fichtenstamm in Gang gesetzt, den man durch die Nabe des Rades führt. Drei bis fünf Meter lange Strohzöpfe werden durch die Speichen eines Eisenrades geflochten, ehe man büschelweise weiteres Stroh aufbindet. So entsteht ein 2,50 Meter großes Rad, das um 20 Uhr angezündet und in Richtung Tal gerollt wird. Um das Ganze noch gespenstischer zu gestalten, schwingen junge Männer brennende Strohkugeln über ihren Köpfen umher.

In Nordhessen geraten die Feuerräder meist am Ostersonntag in Bewegung. Besonders begehrt ist das Bergabrollen von drei Feuerrädern in Günsterode bei Melsungen, das sich alljährlich über 1.000 Besucher ansehen. Doch egal ob vor oder nach der Fastenzeit: Diese rollenden Feuerballen gehen auf ein uraltes Ritual aus vorchristlicher Zeit zurück. Die Germanen feierten auf diese Weise den Frühlingsbeginn und wollten sowohl den Winter vertreiben als auch böse Geister und Dämonen das Fürchten lehren. Dazu kam, dass die Spur des Feuers fruchtbaren Boden hinterließ. Das zunächst heidnische Ritual sollte also die kalte Jahreszeit in die Flucht schlagen und gleichzeitig die Fruchtbarkeitsgottheiten um ihre Gunst bitten. Später mündete diese flammende Tradition in einen christlichen Brauch, der vielerorts als Osterfeuer bekannt ist.

In Hessen ist die rollende Variante des Frühlingsfeuers besonders lebendig geblieben. Dass es sich dabei um eine typisch hessische Tradition handelt, wird schon durch die erste urkundliche Erwähnung des Feuerrades klar: Am 21. März 1090 – also genau zum Frühlingsanfang – führte eine brennende Holzscheibe zu einem Großbrand im Weltkulturerbe Kloster Lorsch, bei dem das klerikale Gebäude teilweise zerstört wurde.

Davon berichtet die Klosterchronik und liefert damit den ersten schriftlichen Nachweis dieses Brauchs.

Aber mal ganz abgesehen vom rituellen Ursprung der runden Sache: Die heißen Flammen zum Ende der kalten Jahreszeit sind für jeden Hessen eine willkommene Gelegenheit zum Feiern – meist mit wärmenden Getränken und leckeren Bratwürsten. Sich die knisternden Feuerbälle anzusehen ist ein Spaß für die ganze Familie – und übrigens völlig sicher. Denn überall, wo diese Räder rollen, passt die Feuerwehr heutzutage auf, dass nur das brennt, was auch brennen soll.

ZUM FILM

Abenteuer Odenwald ⓘ

Ein besonders imposantes Feuerrad rollt jährlich den Darsberg hinunter. Alle Infos zur **Darsberger Fassenacht** hat die Tourist-Infomation Neckarsteinach, Tel.: 06229-708914, www.neckarsteinach.com

Ferien im Odenwald
Der Odenwald hat auch als Ferienregion viel zu bieten. Aktivurlauber schalten im UNESCO-Geopark Odenwald beim Wandern, Nordic Walking oder bei einer Kanutour ab. Wer es ruhiger mag, kann die zahlreichen Schlösser und Burgen der Region erkunden. Informationen gibt es bei der Touristikgemeinschaft Odenwald, Tel.: 06261-841390, www.tg-odenwald.de

Auch mit 'nem Opel darf man zum VW-Treffen

VW vs. Opel – Sympathietest am Edersee

Mit dem hr-Opel zum VW-Bulli-Treffen: Anna Lena und Tobi testeten die Toleranz

Was haben der coole Opel Blitz und der genauso coole VW-Bus „Bulli" gemeinsam? In beide passt viel rein, beide genießen absoluten Kultstatus – und beide sind made in Hessen. Wirklich beide?

Bei Opel ist der Fall natürlich sonnenklar. Den Rüsselsheimer Autobauer gibt es bereits seit 1862 – damals wurden allerdings noch Nähmaschinen gebaut. Aber schon 1924 lief der berühmte „Laubfrosch", der Opel 4 PS, vom Fließband und markierte den Beginn der Pkw-Serienproduktion in Deutschland. Der Opel Blitz war bis 1975 das Flaggschiff der Rüsselsheimer Nutzfahrzeuge; zunächst nur als Benziner, dann auch – besonders begehrt – als Dieselvariante. Vor allem die letzte Baureihe ab 1965 stand in echter Konkurrenz zum allgegenwärtigen VW-Bus, denn aus dem einstigen Leicht-Lkw wurde ein schnittiger Transporter; ideal für abgefahrene Ausflüge in der Flower-Power-Zeit. Fans aus ganz Deutschland treffen sich jährlich an wechselnden Orten aus lauter Freude an den beiden Kultfahrzeugen.

Die hr3-Moderatorin Anna Lena Dörr – bekennender „Bulli"-Fan – war zunächst sehr angetan, als ihr Kollege Tobias Kämmerer eine Mitfahrgelegenheit zum VW-Treffen an den Edersee anbot. Schließlich ist auch der Bulli im Herzen ein Hesse. 1958 verlagerte Volkswagen nämlich die Motorenproduktion ins nordhessische Baunatal. Dort steht – nach Wolfsburg – das zweitgrößte VW-Werk.

Echte Klassiker: Die Bulli-Parade in Vöhl-Herzhausen bringt VW-Fans zusammen

Der Schock für Anna Lena kam allerdings, als Tobi seelenruhig in seinem geliebten Opel Blitz angetuckert kam. Mit dem Ding zum Bulli-Treffen? Das konnte ja nur eine peinliche Nummer werden. Natürlich war die Begrüßung am Campingplatz entsprechend süffisant: „Ihr habt aber da vorne das falsche Zeichen dran!", hieß es an der Pforte. Das Moderatoren-Duo wagte sich trotzdem mit dem Rüsselsheimer Gefährt in die unfassbar große Bulli-Ansammlung. Wohin man auch blickte: Überall gab es liebevoll gepflegte, meist bestens erhaltene, mitunter aber auch sehr schlichte Bullis, die ganz offensichtlich von ihren Besitzern abgöttisch geliebt wurden. Jedes Jahr im Mai treffen sich hier auf dem Campingplatz von Vöhl-Herzhausen am Edersee etwa 300 VW-Bus-Liebhaber aus ganz Deutschland zu den „Bulli-Days", einem Partywochenende mit viel Spaß und Rockmusik.

Umgarnt: der hr-Opel bei den Bulli-Days

Anna war völlig verzückt und wünschte sich schnellstmöglich aus dem unpassenden Opel Blitz hinaus. Als Tobi dann noch provozierte: „Ich will die Bulli-Fans von meinem Opel überzeugen", befürchtete sie das Schlimmste. Doch sie konnte zufrieden feststellen, dass Hessen ganz entspannt, lässig und tolerant sind – sogar eingefleischte VW-Bus-Liebhaber. Denn Tobi kam mit seinem coolen Fahrzeug bei den Bulli-Days-Besuchern ziemlich gut an. Natürlich konnte er am Ende doch niemanden zum Opel-Blitz-Fan missionieren, aber unser hr-Duo durfte live erleben: Bei uns in Hessen mögen sich sogar die Opel- und VW-Fans.

ZUM FILM

Bulli-Days

Informationen und Anmeldung beim Verein Bus-Treffen unter Mail: info@bulli-days.de
www.bulli-days.de

Anfahrt:
Camping- und Ferienpark Teichmann
Alte Bundesstraße 1
34516 Vöhl-Herzhausen
(Navi-Adresse)

Nächster Termin: 9. bis 11. Mai 2014

Von Kassel nach Naum-
burg dampft Geschichte

Nämlich Hessens älteste fahrende Museumsbahn

Die Lok HC 206 rollt seit 1941 immer noch auf ihrer Ursprungsstrecke

Es gibt in Hessen noch einen Zug mit Raucherabteilen. Allerdings darf trotzdem nicht geraucht werden, denn die roten Raucher-Schilder sind ausschließlich aus historischen Gründen nicht entfernt oder verändert worden. Der herrlich nostalgische „Hessencourrier" raucht eher selbst: Die Fahrzeugsammlung reicht von Baujahr 1894 bis zum Exemplar von 1954. Die Lok HC 206 ist die letzte der insgesamt sechs für die Kleinbahn Cassel-Naumburg ab 1924 gebauten Dampflokomotiven. Selbst die Toiletten zu benutzen, gleicht hier einer Zeitreise, denn ganz offiziell heißt es nach wie vor: „Zur Spülung steht eine Wasserkanne bereit."

Rund zwölfmal im Jahr macht dieser Dampfzug eine romantische Fahrt auf seiner ursprünglichen Strecke von Kassel nach Naumburg – und wieder zurück. Und Rauchern wird versprochen, an den Stationen immer mal wieder Zeit für eine Zigarette zu haben.

Diese Reise ist was für Kenner und Genießer, denn hier geht es nicht in erster Linie darum, von A nach B zu kommen. Für die Wegstrecke von 33,4 Kilometern durch den Naturpark Habichtswald braucht der Hessencourrier immerhin gut anderthalb Stunden. Für Eilige ist das also nichts. Stattdessen bekommt man einen sehr authentischen Eindruck von den Zugfahrten, wie sie früher waren.

Die Dampflok hat dabei einiges zu leisten, denn die Strecke ist durch die Steigungen recht anspruchsvoll. Auf der ersten Streckenhälfte ist ein Höhenunterschied von 220 Metern zu überwinden und eine Steigung von etwa 3 %. Den härtesten Job hat dabei sicher der Heizer. Er muss unfassbare 2.500 Kilogramm Kohle ins Feuer schaufeln, damit die Lok immer ausreichend unter Dampf steht. Die Fahrgäste werden dementsprechend darauf hingewiesen, dass ihnen während der Fahrt rußige und kohle-

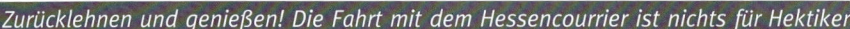

Zurücklehnen und genießen! Die Fahrt mit dem Hessencourrier ist nichts für Hektiker

Hier werden vom Heizer ganze 2.500 Kilogramm Kohle ins Feuer geschaufelt

haltige Luft um die Ohren weht. In den historischen Waggons holpert es durchaus auch schon mal ziemlich hin und her, weshalb man während der Fahrt am besten hübsch sitzen bleibt. Wer gerne sein Fahrrad mitnehmen möchte, darf das gegen einen geringen Aufpreis tun und es im Güterwagen transportieren lassen. Aus Sicherheitsgründen müssen auch Kinderwagen dorthin verfrachtet werden.

Es ist zwar möglich, auf den insgesamt neun Zwischenstationen – darunter Baunatal, Hoof und Bad Emstal – aus- und zuzusteigen, aber eigentlich ist die historische Zugfahrt als Rundreise gedacht. Für einen kleinen touristischen Rundgang in Naumburg hat man fast drei Stunden Zeit, ehe es wieder zurückgeht. Dass es diese älteste Museumseisenbahn mit kontinuierlichem Bahnbetrieb seit mehr als 40 Jahren überhaupt gibt, hat man – wie häufig in solchen Fällen – einem Liebhaberverein zu verdanken, der im Jahre 2007 sogar einen eigenen Bahnhof im Technologiepark Marbachshöhe für den Betrieb der Bahn bauen ließ. Den Hessencourrier kann man – zusätzlich zu den regulären Fahrten – auch chartern, um beispielsweise

einen Betriebsausflug oder eine Geburtstagsfeier mal ganz anders zu begehen. Vor allem kann man auf dieser idyllischen Reise aber mal wieder genießen, bei offenem Fenster Bahn zu fahren, wenn man nicht zugempfindlich ist.

ZUM FILM

Mit Volldampf ⓘ

Alle wichtigen Informationen zum Hessencourrier, zu Fahrten, Chartermöglichkeiten und Fahrkartenkauf unter
Tel. 0561-8075700 bzw. -581550 und
www.hessencourrier.de

Preise: Rundfahrt Kassel–Naumburg 17 Euro, Kinder (bis 12) 12 Euro

Zeiten: Fahrplan auf der Internetseite

Anfahrt zum Bahnhof
Technologiepark Marbachshöhe über Johanna-Waescher-Straße (34134 Kassel), der Straße bis zu den Gleisen folgen, Parkmöglichkeiten im Technologiepark

Die Marburger Uni hat noch einen Karzer

Einsitzen muss dort aber kein Student mehr

Bilder, Studentenlieder und Liebesschwüre – die Wand des Karzers gleicht einem Buch

„Sechs Tage Karzer!" – So lautete das Urteil des Universitätsrichters im Jahre 1879, mit dem er den ersten Studenten in ein neues Gefängniszimmer einbuchtete. Das war gerade mit dem Neubau des Westflügels der Philipps-Universität Marburg fertiggestellt geworden – ausgerechnet in jenem Jahr, in dem der Staat den Universitäten die eigene Gerichtsbarkeit entzog. Aber trotzdem: Für Disziplinarvergehen konnten Studenten auch weiterhin bis zu 14 Tage eingesperrt werden. Und das betraf schon jeden, der sich ungebührlich gegenüber Damen benahm oder freche Re-

Je nach Schwere des Vergehens verhängte entweder der Rektor eine eintägige oder der universitätseigene Richter eine mehrtägige Freiheitsstrafe.

1907 kam man von dieser Praxis ab, hielt solche Haftstrafen für nicht mehr zeitgemäß und der Karzer blieb viele Jahre unbenutzt. Nur von 1924 bis 1931 kam er noch mal zum Einsatz. Insgesamt mussten im Marburger Karzer 230 Studenten ihre Strafe verbüßen. Studentinnen waren nicht darunter. Im Gegenteil: Die Sprüche an den Wänden zeugen mitunter davon, dass die Insassen sich über ihre Kommilitoninnen mit dem Begriff „Studeusen" nebst kritischen Zeichnungen eher lustig machten.

Der Karzer der Uni Marburg ist der einzig erhaltene seiner Art in ganz Hessen. Man ließ ihn unverändert, musste ihn lediglich 2003 ein wenig renovieren. Die Wände, an denen sich die Studenten verewigten, gelten als einmalige zeitgeschichtliche Dokumente. Da findet man Namen und Symbole von Burschenschaften, Schwärmereien für die Liebste oder für die Heimat und natürlich Anmerkungen zu den „Vergehen", die zur Karzerhaft führten. Daran ist schon zu erkennen: Mit der Zeit wurde es sogar richtig schick, mal in den Karzer zu kommen. Wer was auf sich hielt, war auch gelegentlich in diesem Gefängnisraum, der zur Hausmeisterwohnung gehörte. Ganz so schrecklich war der Aufenthalt wohl nicht. Ein wenig Komfort gab's auch: War die Wäsche dreckig, das Brennholz verbraucht oder der Durst groß, klingelte man einfach nach dem Hausmeister. Auch Alkohol war erlaubt: Eine Flasche Bier oder eine halbe Flasche Wein

densarten schwang (vor allem gegenüber dem Rektor). hr3-Moderator Tobias Kämmerer: „Freche Reden? Ich hätte mein ganzes Studium im Karzer gesessen!" Auch für Schulden beim Vermieter oder etwa wenn man sich duellierte, nächtlich randalierte oder sich prügelte, landete man im Karzer.

hr3-Moderator Tobias Kämmerer benahm sich extra daneben, um hier zu landen

Kleine Karzer-Kunde

Vom Mittelalter bis ins 19. Jahrhundert genossen Universitäten in Europa das Privileg der akademischen Gerichtsbarkeit. Es gestattete ihnen, Disziplinarvergehen und sogar Kapitalverbrechen ihrer Studenten, Professoren, Angestellten und deren Angehörigen selbstständig zu verfolgen. Im Mittelalter keine Seltenheit: Jede Gruppe regelte das Zusammenleben mit eigenen Rechten, beispielsweise Kirchen- oder Hofrecht. Die Hochschulen von damals hatten Uni-interne Gerichte, Rechtsanwälte und unter anderem auch Arrestzellen – die Karzer.

Mit dem Gerichtsverfassungsgesetz von 1879 wurde die akademische Gerichtsbarkeit im Deutschen Kaiserreich abgeschafft. Das Gesetz erlaubte aber weiterhin Disziplinarstrafen wie die Karzerhaft. Die wurde in Deutschland bis in die 1930er Jahre praktiziert; auch heute findet man sie noch – und zwar in Form von Nachsitzen.

Mit dem Marburger Karzer sind 13 dieser Arrestzellen in Deutschland erhalten geblieben, sie stehen alle unter Denkmalschutz.

pro Tag stand den Studenten zu. Wer sich mit dem Hausmeister gut stellte, soll auch mehr bekommen haben ...

So ist es kaum verwunderlich, dass hr3-Moderator Tobias Kämmerer, der übrigens tatsächlich in Marburg studierte, aber es nie in den Karzer geschafft hatte, pöbelnd durch die Marburger Gassen rumpelte, um endlich in diesen sagenhaften Raum eingeliefert zu werden. Der Karzer ist im Normalfall für Besucher nämlich nicht mehr zugänglich. Die Philipps-Universität öffnet ihn nur noch zu besonderen Anlässen und auf speziellen Antrag. Nur so ist gewährleistet, dass der historisch bedeutsame Raum in einem guten Zustand erhalten bleibt. Übernachten darf hier keiner mehr. Tobi schien letztlich voll-

kommen einverstanden, als er nach den Dreharbeiten für die „fünfzig dinge ... die ein Hesse wissen muss!"
wieder aus dem Karzer geworfen wurde: „So nett es hier auch sein mag – ganze Tage möchte ich hier nicht verbringen!"

ZUM FILM

Ofen und Wein für lange Nächte

33

Die meisten Vierbeiner leben in Weilrod

Hier ist jeder Zehnte auf den Hund gekommen

Hunde an die Macht: In Weilrod dürfen Vierbeiner sogar mit Herrchen und Frauchen golfen

Verschnaufpause für die Vierbeiner

Wenn jemand alle relevanten Zahlen über unser Hessen und sämtliche Einwohner hat, dann ist es mit Sicherheit das Statistische Landesamt. Und genau dieses konnte dem Hessischen Rundfunk bestätigen: Die größte Hundedichte des Landes hat die Gemeinde Weilrod im Hochtaunuskreis. Bei gut 6.000 Einwohnern und über 600 registrierten Hunden heißt das: Jeder zehnte Einwohner dort hat einen Vierbeiner zu Hause.

Diesen Ort wollte sich ein Team des hr-fernsehens mal genauer ansehen. Die interessantesten Informationen waren bei Hundetrainerin Monika Groß zu erfahren. Um die Geschicklichkeit ihrer Schützlinge zu trainieren und sie fit zu halten, macht sie mit ihnen Zirkeltraining. Dabei bewältigen die Hunde einen Hindernisparcours aus großen Baumstämmen. Eigentlich ist der für die Trial-Radfahrer des örtlichen Motorsportclubs vorgesehen, aber Monika Groß darf ihn auch fürs Hundetraining benutzen.

Sie weiß einfach alles über die Vierbeiner und ist von der Hundebegeisterung der Weilroder sehr angetan. In ihrer Eigenschaft als Tierverhaltenstherapeutin hat sie in der Hochtaunuskreis-Gemeinde richtig viel zu tun. „Hier machen eher die Hunde mit den Herrchen Zirkeltraining als andersrum", witzelte sie. Und ein Herrchen bestätigte das mit einem liebevollen Blick auf seinen Hund: „Der hält mich ganz schön auf Trab." Zur Belohnung für einen brav absolvierten Parcours wurden die Rollen getauscht: Nun mussten die Herrchen beweisen, ob auch sie ein ordentliches Zirkeltraining hinlegen konnten. Ihre Hunde schauten dabei sichtlich vergnügt zu.

Animiert von dieser Spielvariante und von der spaßigen Grundatmosphäre in der Hundeschule hatte das hr-fernsehen-Team eine beinahe schon übermütige Idee: Wie wäre es, wenn hier in Weilrod die Hunde das Kommando hätten? Prompt setzte man einen Vierbeiner ans Steuer und ließ einen anderen am Computer im Internet surfen. Dass das nicht so ganz realistisch ist, war nicht so wichtig. Spaß machte es allemal. Und Spaß haben die Weilroder mit ihren vierbeinigen Freunden sicher viel, denn andernfalls hielte ihre Gemeinde wohl kaum diesen statistischen Rekord. Und das bestätigte einer der Vierbeiner zum Schluss des Beitrags für die „fünfzig dinge ...".-Sendung mit einem eindeutigen „Wuff!".

ZUM FILM

Golf mit Hund?

In Weilrod kein Problem:

Golfclub Taunus Weilrod
Merzhäuser Straße 29
61276 Weilrod-Altweilnau
Tel.: 06083-95050
Mail: kontakt@gc-weilrod.de
www.gc-weilrod.de

34

Mit 5,5-7 % Alkoholgehalt liegt der Äppler unter dem Wein, „reinhauen" kann er trotzdem

Das Stöffsche sollte man nie unterschätzen

Echte Hessen wissen, wie viel Apfelwein sie vertragen

Anna Lena Dörr und Tobias Kämmerer sind immer ganz vorne dabei, wenn es für das hr-fernsehen typisch Hessisches zu berichten gibt. Doch diese Aufgabe hatte es in sich: Wie viel Apfelwein verträgt ein durchschnittlicher Hesse? Dazu brauchte es ein wissenschaftliches Vorgehen und eine perfekte Versuchsanordnung. Im weißen Kittel und mit großer Durchblicks-Brille hatte Anna Lena den idealen Plan: Tobi ist mit seinen 38 Jahren Lebensalter, 93 Kilogramm Körpergewicht und 183 Zentimetern Körpergröße der perfekte Durchschnittshesse. Dass der Proband bei

diesem Kompliment zufrieden lächelte, passte ihr dabei bestens ins Bild.

Nach dem dritten 0,3-Liter-Glas kam es zum ersten Test. Kann Herr Kämmerer in diesem Zustand noch auf einer geraden Linie, einem „Äppelwoi-Äquator", problemlos entlangschreiten? Er konnte! Auch ein Kartenhausbau aus Bierdeckeln klappte tadellos. Anna Lena notierte: „Alles im grünen Bereich." Die „Stöffsche"-Dosis wurde erhöht. Nach Glas Nummer neun machte Tobi aber immer noch einen sehr guten Eindruck. Über seinen Zustand befragt, sagte er: „Ich bin inzwischen ein bisschen müde und kriege das Gefühl, dass ich schlauer bin als alle anderen." Doch der Alko-Test brachte es an den Tag: Anna Lena hatte ihn sauber reingelegt, denn sie hatte ihrem trinkfesten Kollegen alkoholfreien Apfelwein verabreicht. „Hätten wir richtigen genommen, dann wäre bei drei Gläsern wirklich Schluss gewesen. Denn mehr verträgt ein durchschnittlicher Hesse nicht." Tobi fand das alles nur bedingt lustig und bestellte mit dem durchdringenden Ruf „Durscht!" den echten Äppelwoi.

Mit 5-7 % Alkoholgehalt ist das hessische Nationalgetränk somit immerhin etwas stärker als die meisten bayerischen hellen Biere.

Wie es Tobi bei seinem anschließenden Selbstversuch nach dem dritten echten Äppler-Glas erging, ist nicht überliefert. Aber Tobi hin, Anna Lena her – Kampftrinken ist out und bringt nur Scherereien. Unseren guten Apfelwein sollte man gut gelaunt und in fröhlicher Gesellschaft genießen. Dann geht er runter wie Öl und ist ein wirklich erfrischender Genuss. Und wer an seiner persönlichen Verträglichkeitsgrenze angekommen ist, sollte vernünftigerweise nach Hause gehen und sich auf den nächsten Äppelwoi-Abend freuen. Eines sollte Tobi aber zu denken geben: Die Alkoholfreiheit des Äpplers in Anna Lenas trickreichem Härtetest hat er überhaupt nicht bemerkt. Im Gegenteil, gab er doch gleich zu Beginn zweifelsfrei zu verstehen: „Der is' gut!" In diesem Sinne: Wohl bekomm's!

ZUM FILM

Genuss mit Geschichte

Wer den Äppelwoi im traditionellen Ambiente genießen will, kann das zum Beispiel in der Gaststätte „Zum Rad" tun, dem ältesten Apfelweinlokal mit eigener Kelterei (seit 1806):
Leonhardsgasse 2
60389 Frankfurt am Main
Tel.: 069-479128
www.zum-rad.de

Geöffnet: Mo, Mi-Sa 17-24 Uhr, So und Feiertage 12-24 Uhr

Die hr3-Moderatoren Anna Lena und Tobi beim Apfelwein-Verträglichkeitstest

Die Eintracht ist ein Fußball-Urgestein

Warum der Bundesligist so beliebt ist

Stolz wie Eintracht: die Sieger der Deutschen Fußballmeisterschaft von 1959

Dass die „Eintracht" inzwischen 16 Abteilungen – inklusive Rugby und Triathlon – hat, ist den meisten Hessen wohl kaum geläufig und ihnen vielleicht auch nicht sonderlich wichtig. Entscheidend ist, dass sie zu Frankfurt gehört wie der „Äppelwoi", die „Fressgass" und der Römer. Und warum heißt die Eintracht eigentlich Eintracht? Historisch gesehen liegen die Ursa-

chen in mehreren Fusionen, die dem 1920 so benannten Verein vorausgingen. 1911 vereinigten sich die „Victoria" und die „Kickers" zum Frankfurter Fußballverein (FFV). Die „Eintracht" war namentlich geboren, als nach dem Ersten Weltkrieg auch noch die „Frankfurter Turngemeinde" hinzukam. Bei vielen Fans heißt die Eintracht auch einfach kurz SGE, für Sportgemeinde Eintracht.

Finale um den Europapokal der Landes-meister. Dass das Finale in Glasgow gegen Real Madrid dann klar mit 3:7 verloren ging, schmälerte die Begeisterung um das Team des legendären Trainers Paul Oßwald in keiner Weise. Die Eintracht gehörte zu den 16 Gründungsvereinen der Bundesliga und schloss gleich die erste Saison mit einem umjubelten dritten Platz ab.

Im Frankfurter Waldstadion – der heutigen Commerzbank-Arena – erlebte der Verein zwei enorm erfolgreiche Jahrzehnte. Viermal holte die Eintracht den DFB-Pokal an den Main und 1980 sogar den UEFA-Cup. Bis 1983 landeten die Frankfurter mit einer einzigen Ausnahme immer unter den „Top 10" der Bundesliga. Anfang der 1990er Jahre gelang sogar fünfmal hintereinander ein Platz unter den ersten Fünf. Dass bei dieser dauerhaften Erfolgsbilanz die Fangemeinde immer größer und begeisterter wurde, liegt auf der Hand. Weltmeister wie Bernd Hölzenbein und Jürgen Grabowski wurden zu echten Helden der Stadt. Nicht zu unterschätzen war aber auch die dauerhafte Rivalität zum Bundesligisten der anderen Mainseite: Kickers Offenbach. Als dieser Verein Mitte der 1970er Jahre die erfolgreichste Zeit hinter sich ließ, gab das dem patriotischen Eintracht-Gefühl noch mal einen ordentlichen Schub.

1959, als das deutsche Wirtschaftswunder zur Hochform auflief, tat das auch die Eintracht. Ihr gelang der große Coup, der bis heute als der größte Erfolg der Vereinsgeschichte gilt: die Deutsche Meisterschaft – und das auch noch im Endspiel gegen den Lokalrivalen Kickers Offenbach. Als erste deutsche Mannschaft erreichte sie im Folgejahr sensationellerweise den Einzug ins

Der erste Abstieg der SGE in die 2. Bundesliga brachte die Fans 1996 zum Weinen. Gleiches wiederholte sich 2001, 2004 und 2011. Nach dem 6. Platz in der Saison 2012/2013 hofft die ganze Stadt mitsamt den 22.000 Vereinsmitgliedern, dass nun die goldenen Jahre wieder anbrechen. Aber auch wenn es für die Eintracht Frankfurt nicht immer gut laufen sollte, wird man sich in Frankfurt an die legendären Worte des einstigen und sehr populären Cheftrainers Dragoslav Stepanovic („Steppi") aus dem Jahr 1992 erinnern: „Lebbe geht weider." Ohne es zu ahnen, schuf der Trainer damit einen Satz, den heute (nicht nur) jeder Frankfurter kennt. Und das gilt natürlich auch für die Eintracht Frankfurt.

ZUM FILM

Bundesliga-Daten zur Eintracht

Rekordtorschütze: Bernd Hölzenbein (160)
Rekordspieler: Karl-Heinz Körbel (602 Spiele)
Platz in der ewigen Bundesligatabelle: 10
Anzahl der Tabellenführungen: 55
Gesamtanzahl Bundesligatore: 2.376
Gesamtanzahl Bundesligaspiele: 1.492

Stand zum Saisonende 2012/2013

Die Commerzbank-Arena, Heimspielort der SGE, war Schauplatz der WM 2006

„Schwarz-weiß wie Schnee, das ist die SGE"

Verein Eintracht Frankfurt
Gustav-Behringer-Straße 10, 60386 Frankfurt am Main, Tel.: 069-4209700
www.eintracht-frankfurt.de
www.eintracht.de (Profi-Fußball)

Anfahrt zum Fußballstadion – hier findet man auch den Fanshop:
Commerzbank-Arena, Mörfelder Landstraße 362, 60528 Frankfurt am Main
Tel. Kartenservice: 01805-060303
(0,12 Euro/Min. aus dem dt. Festnetz, Mobilfunk ggf. teurer)
www.commerzbank-arena.de

Eintracht Frankfurt Fußballschule
Mörfelder Landstraße 362, 60528 Frankfurt am Main, Tel.: 069-95503121
Mail: fussballschule@eintrachtfrankfurt.de, www.eintracht-fussballschule.de

Ehemalige Fußballprofis und erfahrene Trainer vermitteln in sogenannten
Camps Kindern und Jugendlichen aller Altersklassen ihr fußballerisches Können.
Die Anmeldung erfolgt online.

Eintracht Frankfurt Museum
Mörfelder Landstraße 362, 60528 Frankfurt am Main, Tel: 069-95503275
www.eintracht-frankfurt-museum.de

Preise: 5 Euro, erm. 3,50 Euro,
Kombiticket Stadionführung und Museumsbesuch 9 Euro, erm. 7 Euro

Geöffnet: Di-So 10-18 Uhr

Frankfurter Sporthistorie auf mehr als 400 Quadratmetern Ausstellungsfläche.
Die Dauerausstellung informiert über die Geschichte der Eintracht von
den Ursprüngen im 19. Jahrhundert bis heute.

Im Museum zeugen die Pokale von den Erfolgen der Eintracht Frankfurt

Gut gehalten haben sich die Fossilien im ehemaligen Ölschiefer-Tagebau – hier ein Krokodil

In der Grube Messel werden Hessen zu Stein

50 Millionen Jahre Zeit muss man aber mitbringen

Wie aus einem Ölschiefer-Tagebau und einem geplanten Mülldeponie-areal ein UNESCO-Weltnaturerbe werden kann, das erzählt die Geschichte der Grube Messel im Landkreis Darmstadt-Dieburg. Dieser Ölschiefer diente als Brennstoff und sogar zur Rohölgewinnung. Von 1859 bis 1971 baute man ihn in Messel ab. Das Ganze wurde mit der Zeit unrentabel: Man braucht eine Tonne Schiefer, um gerade mal 50 Liter Öl daraus zu machen.

Nach Ende des industriellen Abbaus im Jahre 1971 fanden archäologisch interessierte Privatleute Fossilien in der stillgelegten Grube, die viele Fachleute ins Staunen versetzten. In einer solch großartigen Qualität hatten sie versteinerte Lebewesen aus der Eozänzeit, die rund 34 Millionen Jahre zurückliegt, noch nie gesehen. Damals herrschte hierzulande subtropisches Klima. Neben Pflanzen waren auch Wirbellose und Wirbeltiere in dieser erstarrten Form ausgesprochen gut und häufig absolut vollständig erhalten: Vögel, Krokodile, Urpferde und Rieseneichhörnchen zum Beispiel. Erst seit 2001 weiß man, dass die Grube Messel vulkanischen Ursprungs ist. Die genaue Entstehungsgeschichte und viele De-

Politisches Fossil

Der Forscher Dr. Stephan Schaal vom Senckenberg-Museum Frankfurt kam bei den Überlegungen für den Namen einer in der Grube Messel entdeckten Riesenschlange auf eine sehr ungewöhnliche Idee: „Die neue Art Palaeopython fischeri wird zu Ehren des ehemaligen hessischen Umweltministers Joschka Fischer benannt, der am 14. Juni 1991 den Kaufvertrag für die Grube Messel unterschrieben und sie offiziell für das Land Hessen übernommen hat. Die Partei der Grünen und Fischer als ihr Repräsentant haben seit 1984 die Verfüllung der Grube Messel mit Müll kategorisch abgelehnt und sich konsequent für den Erhalt der Fossilienfundstätte eingesetzt."

Quelle: www.senckenberg.de

Wo die Fossilien wohnen

Welterbe Grube Messel
Roßdörfer Straße 108
64409 Messel
Tel.: 06159-717590
www.grube-messel.de

Preise: 10 Euro, erm. 8 Euro, Kinder (bis 7) Eintritt frei, Familien 7 Euro pro Person

Geöffnet: April-Okt. täglich 10-18 Uhr, Nov.-März täglich 10-17 Uhr

Es werden verschiedene Führungen durch das UNESCO-Weltnaturerbe angeboten, zu denen man sich anmelden sollte. Weitere Informationen zu den Touren, Preisen und Zeiten auf der Internetseite.

---

tails erfährt man im Besucherzentrum direkt vor Ort oder bei Führungen.

1995 beantragte die Bundesregierung, die Grube mit dem einzigartigen Spektrum an eozänen Lebensformen in die Liste der UNESCO-Welterbestätten aufzunehmen.

hr3-Moderator Tobias Kämmerer wollte unbedingt eine Zeitreise ins Eozän unternehmen, um herauszufinden, „wie lange es dauert, bis ein Hesse zu Stein wird – also zum Fossil". Wie ein Urzeithäschen in der Grube wollte er sich an einem schattigen Platz mit ausreichend Verpflegung niederlassen, um die eigene Versteinerung abzuwarten. Weil im Fernsehen alles möglich ist,

wurde Tobias Kämmerer zum besterhaltenen Exemplar eines „Tobinix Kannix", das je gefunden wurde.

Anna Lena Dörr schwärmte gefühlte 50 Millionen Jahre später: „Dieser Ort ist einfach magisch, denn besonders hier ist die Entwicklungsgeschichte unserer Erde spürbar." Über 10.000 Fossilien wurden in der Grube Messel schon entdeckt. Und jeder Besucher hat die Chance, selbst fündig zu werden und die Urzeit-Tierwelt mit eigenen Händen zu greifen. Vielleicht findet ja wirklich irgendwann jemand den „Tobinix Kannix".

ZUM FILM

Ein wahres Naturschauspiel: der Sonnenaufgang über der Rhön-Landschaft

Den schönsten Sonnenaufgang hat die Rhön

Auf der Milseburg ist er besonders sehenswert

Egal wo man ist auf der Welt: Wenn die Sonne, unser großer Leben spendender Feuerball, morgens aufgeht oder abends hinter dem Horizont verschwindet, sind wir immer wieder aufs Neue fasziniert. Fotoapparate werden gezückt, selbst hektische Menschen halten inne – und wir spüren die Macht der Natur besonders intensiv und die Romantik überkommt uns.

Es gibt einen Ort in Hessen, an dem man den Sonnenaufgang so romantisch wie sonst nirgendwo im ganzen Land erleben kann: die Milseburg. Der Name könnte Glauben machen, es ginge um eine historische Festung. Die hat es wohl bis zum 13. Jahrhundert tatsächlich mal gegeben, doch zeugen heute nur noch winzige Überreste von ihr. Milseburg heißt aber auch heute noch der 835 Meter hohe Berg in der Rhön, unweit von Fulda. Einst hatten sich dort die alten Kelten angesiedelt, was Relikte eines großen Ringwalls bezeugen.

Will man das Naturschauspiel der aufgehenden Sonne vom Gipfel aus erleben, erkennt man allerdings erst einmal überhaupt nichts. Das stramme Wandern auf dem waldigen Weg nach oben findet am frühen Morgen logischerweise in absoluter Dunkelheit statt und ist nur mit leistungsstarker Taschenlampe empfehlenswert. Zarte Gemüter könnten an diesem Ort ohnehin ins Fürchten geraten, denn den Berg umgibt eine mystische Legende. Der Riese Mils soll hier einst mit dem Teufel im Bunde gewesen sein. Nach einer Niederlage gegen den heiligen Gangolf, einen burgundischen Rittersmann, soll er sich völlig verzweifelt selbst getötet haben. Aus dem gigantischen Steinhaufen, mit denen der Teufel den toten Riesen dann begrub, soll die Milseburg entstanden sein. Sagenhaft, oder? Aber das ist Legende. Ganz sicher ist, dass der erwachende Morgen über den Gipfeln der Rhön den nicht ganz unbeschwerlichen Aufstieg wert ist. Das sagten sich auch Lucca und Klemens, die an diesem geheimnisvollen und romantischen Ort ganz allein zu zweit den Sonnenaufgang erleben wollten. Nur das Kamerateam des hr-fernsehens durfte dabei sein. Als sie dort oben auf den Akkordeonspieler Paul Karges trafen, war ihre Verblüffung groß. Ihn zieht es nämlich immer wieder auf diesen Berg mit seiner einfach grandiosen Aussicht. Und die Musik, die er zum zauberhaften Tagesanbruch machte, war dann doch „so schlecht auch wieder nicht", wie Klemens zugab. Ob mit Akkordeonklängen oder in absoluter Stille: Jeder Hesse sollte den himmlischsten Sonnenaufgang Hessens einmal erleben!

ZUM FILM

Fuhr vor 60 Jahren Streife: der Opel Kapitän mit Blaulicht und Außenlautsprecher

Hier gibt's die meisten Polizeioldtimer

In Marburg kann man echte Filmstars bewundern

Marburg ist nicht nur eine der bedeutendsten Universitätsstädte Deutschlands. Hier befindet sich auch eines der außergewöhnlichsten Museen der Republik. Die wenigsten Hessen ahnen, dass man hier zahlreiche richtige Filmstars bewundern kann. Die sind aber nicht aus Fleisch und Blut, sondern aus Blech und Glas: Unter den bestaunenswerten Polizei-oldtimerautos sind echte Berühmtheiten – allesamt sehr liebevoll restauriert.

Das Kamerateam des hr-fernsehens staunte nicht schlecht, als Polizeihauptkommissar Eberhard Dersch die Schmuckstücke des 2003 eröffneten Museums präsentierte. Mit dem wie neu aussehenden Opel Rekord Olympia P1 jagte die Polizei anno 1958 in

Darmstadt und Frankfurt die Ganoven. Satte 45 PS reichten damals für so etwas noch aus. Besonders stolz ist der „Polizei-Motorsportclub Marburg" aber auf seinen „Barockengel". Das ist der Kosename für den BMW 501, den die Museumsbetreiber in acht Jahre langer Feinstarbeit von einer Rostlaube zum Prunkstück verwandelt haben – natürlich in der eigenen Werkstatt und während der Freizeit. „Da muss man ganz schön bescheuert sein", kommentierte Dersch diese Liebe zum Polizeiauto. „Wir sind Idealisten und machen das neben unserem ganz normalen Job." Gelohnt hat sich die viele Mühe allemal, denn die Automobilrarität ist eine Berühmtheit und wurde früher von der ganzen Nation gesehen. In den ARD-Krimiserien „Funkstreife Isar 12" und „Die seltsamen Methoden des Franz Josef Wanninger" diente das üppige Geschoss Schauspielern wie Karl Tischlinger und Beppo Brem als Einsatzfahrzeug.

Das Marburger Polizeioldtimermuseum hat diesbezüglich noch viel mehr zu bieten, denn hier gibt es eine ganze Reihe von echten Stars aus Film und Fernsehen. Der VW 412E, aber auch mehrere andere Fahrzeuge waren in der aufwendigen Kinoproduktion „Der Baader Meinhof Komplex" zu sehen. Auch für „Sommer in Orange" von Marcus Rosenmüller wurden Polizeiautos zur Verfügung gestellt – und in „Werner – Eiskalt" gab's einen VW-Bus „Bulli" vom Typ T1 (siehe auch Platz 30) zu sehen. Immer dann, wenn zeitgeschichtliche Filme gedreht werden, rufen die Macher in Marburg an und bitten um die Bereitstellung historischer Fahrzeuge, wie etwa in „Der Fall Vera Brühne" und „Im Labyrinth".

Dass die Marburger Polizisten eine sehr intime Beziehung zu ihren „Schätzen" entwickelt haben, gab Eberhard Dersch unumwunden zu: „Wenn es irgendwie geht, fahren wir als Komparsen die Fahrzeuge lieber selbst. Die Schauspieler wissen natürlich nicht, dass man da einiges beschädigen kann." Trotzdem: Nach oft jahrelanger Feinarbeit erfüllt es die Hobby-Museumsbetreiber mit großem Stolz, wenn sie ihre Karossen auf Fernsehschirmen und Kinoleinwänden entdecken. „Das ist schon immer ein schöner Augenblick", schwärmte Dersch. Aber auch ganz unabhängig davon muss jeder Hesse wissen: In Marburg gibt es ein einzigartiges Museum, in dem durch großartig restaurierte Polizeioldtimer Zeitgeschichte so richtig lebendig wird.

ZUM FILM

Die Stars hautnah erleben

1. Deutsches Polizeioldtimer Museum Marburg
Herrmannstraße 200
Kreisstraße K69, Richtung Cyriaxweimar, 35037 Marburg
Mail: info@polizeioldtimer.de.
www.polizeioldtimer.de

Preise: Eintritt frei

Geöffnet: Das Museum öffnet von April bis Oktober jeweils einen Sonntag im Monat von 11 bis 17 Uhr. Welcher Sonntag das ist, wird auf der Internetseite bekannt gegeben. Gruppen sollten sich per E-Mail anmelden.

Elegante Schwimmer: In Biebertal werden die Egel in 40 naturnahen Teichen gezüchtet

In Biebertal geht's tierisch blutig zu

Ein heilsamer Besuch bei einer Blutegelzucht

Wer als Reporter für den Hessischen Rundfunk arbeiten will, muss einiges auf sich nehmen. Tobias Kämmerer, bekanntlich einer der mutigsten von allen, wagte es sogar, sich einer blutigen Erfahrung auszusetzen. Dazu fuhr er nach Biebertal bei Gießen zur dortigen Blutegelzucht, wo ihn Tierärztin Natalie Fleischer mit den wichtigsten Informationen über die Blutsauger versorgte. Egel sind die einzigen zugelassenen lebenden Arzneimittel und seit vielen Jahrhunderten dafür bekannt, bei rheumatischen und arthritischen Erkrankungen zu helfen. Dafür sind Wirkstoffe verantwortlich, die das bissige Tierchen während des Saugens freundlicherweise an den Wirt abgibt. Vor allem das Hirudin im Egel-Speichel kann blutgerinnungshemmend, antithrombotisch und gefäßkrampflösend wirken.

Tieren ist die heilsame Wirkung von Blutegeln übrigens ganz instinktiv vertraut. Rinder, Pferde oder Wasserbüffel, denen die Gelenke wehtun, begeben sich beispielsweise gern mal in „egliges" Gewässer, um sich mit den wohltuenden Sekreten der blutrünstigen Würmchen zu versorgen. In absoluten Mengen nehmen medizinische Egel nur wenig Blut auf. In Relation zur Größe der Tierchen ist es dann aber doch ziemlich viel, nämlich bis zu einem Dreifachen ihres Eigengewichts. Nach der Mahlzeit fallen sie dann von alleine wieder ab. Das ist also ein ziemlich lässiges Heilverfahren von Mutter Natur – ganz ohne Krankenschein. Hunde und Katzen versuchen nicht einmal, die Sauger wieder loszuwerden, wenn sie sich bei ihnen was abzapfen.

Die 40 Teiche der Biebertaler Blutegelzucht („bbez") enthalten etwa zwei Millionen medizinische Egel auf einer Fläche von insgesamt 4.200 Quadratmetern. 40 Wochen lang halten sie sich hier auf, ehe sie therapeutisch eingesetzt werden. Und da Tobi schon lange unter einem Tennisarm litt, bot sich ein Selbstversuch geradezu an. Heilpraktikerin Susanne Grunwald setzte ihm deshalb drei der bissigen Tierchen an. „Jetzt bitzelt's", sagte Tobi noch voller Skepsis, „aber es geht." Was man da spürt, wird oft mit dem Gefühl einer Brennnesselberührung verglichen. Die Blutegel erledigten ihre Arbeit, knabberten sich an Tobi fest und übergaben ihm dafür den wertvollen Speichel, der auf das Gewebe reinigend und entzündungshemmend wirkt. Als die drei vampirischen Kameraden von Tobis Armgelenk abließen und das Ganze

etwas blutig aussah, meinte der unerschrockene Reporter zunächst noch: „Also ein bisschen ekelhaft ist das schon." Aber der Erfolg machte dann diesen Ekel wieder wett. Tobias Kämmerer kam sogar die Vokabel „wahre Wunderheiler" in den Sinn, als die Sache vorüber war.

ZUM FILM

Biebertaler Blutegelzucht

Talweg 31
35444 Biebertal
Tel.: 06409-661400
Mail: blutegel@blutegel.de
www.blutegel.de

Blutige Details

▸ Weltweit gibt es über 600 Egelarten. Medizinisch einsetzbar sind davon jedoch nur 15 Arten, von denen lediglich zwei in Europa existieren.

▸ Blutegel können bis zu zwei Jahre von einer einzigen Mahlzeit leben. Ihr Biss ist etwa so schmerzhaft wie die Berührung einer Brennnessel.

▸ Die Bezeichnung „Egel" stammt von dem Wort „echis", welches im Griechischen „kleine Schlange" bedeutet. Die Blutegeltherapie ist eine der ältesten Therapiemethoden und wird bereits seit Jahrtausenden angewendet.

Einmal im Jahr wird Eschwege zur Pilgerstätte für Festivalfreunde aller Altersgruppen

Hessens Woodstock findet in Eschwege statt

hr3 präsentiert DAS hessische Festival

Immer am zweiten Wochenende im August steppt in Eschwege zwar nicht der Bär, aber garantiert der Hessenlöwe. Eines der familiärsten Musikfestivals in Deutschland hat sich seit 1985 fest im hessischen Veranstaltungskalender etabliert und findet 2014 bereits zum 30. Mal statt. 20.000 Zuschauer lockt es alljährlich in die nordhessische Kreisstadt, knapp 60 Kilometer östlich von Kassel. Ein Grund dafür ist sicher auch die Vielfalt, für die sich der „Arbeitskreis Open Flair e. V." einsetzt.

Zwar liegt der Schwerpunkt auf Rockmusik, aber es ist auch immer für jeden Popmusikgeschmack etwas dabei. Zusätzlich gibt es Kleinkunst in einem Zirkuszelt, ein eigenes Programm für Kinder und eine ganze Menge Performances, die das Publikum vier Tage lang bei bester Laune halten.

Die Werrainsel Werdchen hat es als Veranstaltungsort in zahlreiche Landkarten und Stadtpläne geschafft. Dort ist unverkennbar „Open Flair" eingetragen – denn inzwischen ist das Festival zu einer echten Großattraktion für Eschwege geworden. Internationale Superstars wie Manfred Mann's Earth Band, Roger Chapman, Bob Geldof, Gianna Nannini oder Chuck Ragan und deutsche Größen wie Jule Neigel, Die Ärzte, Die Fantastischen Vier, Fettes Brot, Rio Reiser oder Söhne Mannheims gaben sich hier schon die Ehre – die Liste ließe sich noch ewig fortsetzen. Auch im Kleinkunstbereich. Klar, dass viele Besucher vor allem wegen der großen Namen zum Festival kommen, aber „Open Flair" hat auch für unbekanntere Bands und Solokünstler ein Herz. Und das kommt gut an!

Wer sich den vollen Festivalspaß geben will, lässt sich im „Open Flair Camp" nieder. Dieser Campingplatz ist so begehrt, dass jeder Quadratmeter meist schon im Vorfeld ausgebucht ist. Der Grund liegt auf der Hand: Hier verbringen die absoluten Festivalfans das ganze Veranstaltungswochenende und bilden so eine sehr lebendige Community. Natürlich ist man auf diese Weise auch immer ganz nah am Festival-

geschehen. Und das ist etwas, das jeder Hesse eigentlich schon seit drei Jahrzehnten wissen muss: Wer Spaß an Musikfestivals hat, kommt an Eschwege einfach nicht vorbei. Hier tanzt der Hessenlöwe vier ganze Tage lang am Stück.

ZUM FILM

Hessens fettestes Festival   ⓘ

Arbeitskreis Open Flair
Mangelgasse 19
37269 Eschwege
Tel.: 05651-96153
Mail: info@open-flair.de
www.open-flair.de

Preise: Frühbucher-Tickets ab 59 Euro

Termin: Das Open Flair Festival in Eschwege findet jedes Jahr am zweiten Wochenende im August statt. Der nächste Termin ist der 7. bis 10. August 2014.

Musik und Kleinkunst machen vier Tage lang Stimmung auf der Werrainsel

Die „Weinschatzkammer" von Kloster Eberbach birgt wertvollen Wein aus drei Jahrhunderten

Den teuersten trinkbaren Weißwein hat Hessen

Eine Auktion im Kloster Eberbach schrieb Geschichte

Schon mal ein Gläschen Wein für mehrere Tausend Euro getrunken? Im ehemaligen Zisterzienserkloster Eberbach im Rheingau wäre das rein theoretisch möglich. Denn dort, wo 1985 fast alle Innenaufnahmen des Spielfilms „Der Name der Rose" gedreht wurden, lagert in einer ganz besonderen Schatzkammer die größte Sammlung deutscher Spitzenweine. Diese besonders kostbaren Tropfen mögen es gerne dunkel, ruhig und feucht. Die Gemäuer des Klosters Eberbach blicken bereits auf neun Jahrhunderte Weinkultur zurück. Seit 200 Jahren finden hier regelmäßig Weinauktionen statt – und im Jahre 1987 sollte dabei sogar Geschichte geschrieben werden.

Eine Flasche des 1735er „Johannisberger" aus „Schönborn'schem Eigenbau" schaffte es damals auf den sensationellen Verkaufspreis von 53.000 Mark. Der Deutsch-Kanadier Harald Apfelbaum zahlte damals diesen Preis, der bis zum heutigen Tag von keinem anderen Weißwein getoppt wurde. Ob sich der wohlhabende Fleischfabrikant inzwischen diesen edlen Tropfen genehmigt hat, ist nicht bekannt – aber ziemlich unwahrscheinlich. Dieter Greiner vom Weingut Kloster Eberbach erläuterte im hr-fernsehen: „Ein Wein aus dem 18. Jahrhundert ist jetzt nicht unbedingt ein Erlebnis für die Sinne. Man muss einfach Ehrfurcht vor dem haben, was dieser Wein alles erlebt hat und dass er noch heute genießbar ist."

Im Domänenweingut Schloss Schönborn (www.schoenborn.de) im benachbarten Hattenheim liegt tatsächlich hinter Schloss und Riegel noch mindestens eine weitere Flasche des Rebensaftes, der den deutschen Weißwein-Weltrekord hält. Das hr-fernsehen

Der edle Tropfen von 1735

durfte dabei sein, als Paul Graf von Schönborn eine antike Holzkiste aus dem Weinregal zog. Natürlich musste das mit erhöhter Vorsicht geschehen, damit ihm dieses wertvolle Stück nicht aus der Hand glitt. Die mundgeblasene Flasche und das Etikett sahen zwar etwas antik, aber noch sehr gut erhalten aus. Der Graf stellte beim Präsentieren dieses einmaligen Schatzes klar: „Das ist im Grunde kein Wein mehr, das ist fast schon ein Kunstobjekt." Nur so erklärt sich dieser Rekordpreis, den man sich auf der Zunge zergehen lassen muss: Umgerechnet kostet ein Schnapsgläschen „Johannisberger" stolze 774 Euro – und ein ganzes Glas Wein brächte es schon auf über 7.700 Euro. Sollte Graf von Schönborn jemals die ihm noch verbliebene Flasche versteigern, dann geriete wohl der Rekordpreis von 1987 ernsthaft in Gefahr. hr3-Moderatorin Anna Lena Dörr meinte dazu: „Für 'ne Schorle also lieber den Wein aus dem Pappkarton nehmen."

ZUM FILM

Genuss und Geschichte im Kloster

Stiftung Kloster Eberbach
65346 Eltville am Rhein, Tel.: 06723-9178100, www.kloster-eberbach.de

Preise: Klosteranlage 6,50 Euro, erm. 4,50 Euro, Kinder (bis 11) Eintritt frei; Regelführung 9 Euro, erm. 7 Euro

Geöffnet: April-Okt. täglich 10-18 Uhr, Regelführungen Fr 15 Uhr, Sa/So und Feiertage 11, 13 und 15 Uhr; Nov.-März täglich 11-17 Uhr, Regelführungen Sa/So 14 Uhr

Neben den Regelführungen werden auch Gruppenführungen, verschiedene Themenführungen und spezielle Weinführungen angeboten. Zum Kloster gehören außerdem das Weingut, ein Klosterladen mit Vinothek, eine Klosterschänke sowie ein Hotel. Weitere Informationen zu Angeboten, Terminen, Preisen und Buchung gibt es auf der Internetseite.

Im Kochbrunnen kann man wirklich kochen

Ein Experiment in Wiesbadens heißer Quelle

Pavillon und muschelähnlicher „Kochbrunnenspringer" sind Wiesbadens Wahrzeichen

Der Kochbrunnen ist das Wahrzeichen Wiesbadens. Seit Menschengedenken sprudelt und dampft es hier vor sich hin – und mittlerweile werden 250.000 Kubikmeter pro Jahr dieser wichtigsten Thermalquelle der Stadt entnommen. Schon die alten Römer fanden das sprudelnde Wasser großartig und nutzten es vielfältig. Das Wasser ist nicht nur gesund, sondern auch ziemlich heiß: Die etwa 68 Grad reichen locker aus, um einige Gebäude am Kochbrunnenplatz zu beheizen.

Weil eine mineralische Ablagerung, der Sinter, durch Oxidation ganz rot wird, kamen die Römer auf die Idee, sich die Haare damit zu färben. Und das klappte sogar. Die rote Masse wurde zusammengekratzt, in sogenannte „Mattiakische Kugeln" geformt und zur antiken Haarkoloration umfunktioniert. In neuerer Zeit ist am Brunnen allerdings niemand beim Haarefärben erwischt worden. Stattdessen hat die Stadt pro Jahr ungefähr sieben Zentimeter der Sinter-Ablagerung zu entfernen. Ansonsten würde die steinerne Brunnenmuschel, auch „Kochbrunnenspringer" genannt, darunter regelrecht zusammenbrechen.

Nun heißt das Ding aber nicht Färberbrunnen, sondern Kochbrunnen. hr3-Moderatorin Anna Lena Dörr wollte mal testen, ob der beliebte Brunnen seinen Namen zu Recht trägt. Mit Fernsehkoch Mirko Reeh im Schlepptau baute sie kurzerhand ein mobiles Kochstudio auf. Immerhin galt es herauszufinden, ob das gesunde Salzwasser tatsächlich genau so, wie es aus dem Brun-

Aus dem Trinkbrunnen im „Kochbrunnentempel" sprudelt Thermalwasser

nen sprudelt, zum Kochen taugt. Die beobachtenden Passanten schüttelten zumeist den Kopf und zweifelten: „Ich glaube, die Gradzahl des Wassers ist zu gering." Auch Anna Lena wandte ein: „Ich bin da ja sehr, sehr skeptisch." Doch Mirko blieb bei diesem ungewöhnlichen Feldversuch optimistisch und ging ans Werk. Als „Kochtopf" diente ein Frittierkorb, den die beiden Kochbrunnentester mithilfe eines Seils über die sprudelnde Quelle hielten. Mirkos Aufgabe bestand darin, ein Hauptgericht und einen Nachtisch im Brunnen zu kochen.

Für die Hauptspeise umhüllte Mirko ein Stück Lachs – gewürzt mit frischen Kräutern – mit Alufolie. „Ich bleibe zweifelnd an dieser Stelle", gab Anna Lena zu. Nach zehn Minuten im heißen Wasser kam der aufregende Moment: Ist der Fisch wirklich gar, möglicherweise sogar genießbar und wohlschmeckend? Schon beim Öffnen der Folie zeigte sich Mirko Reeh zufrieden: „Oh, sehr schön. Der ist fertig!" – Doch das bewies noch gar nichts. Lachs kann man ja zur Not auch roh genießen – jedenfalls wenn er frisch ist. Mit der Nachspeise stellte Mirko den Brunnen auf die echte Probe! Er wollte Schokoladenravioli, gefüllt mit Ricotta und Birne, kochen. Und tatsächlich sahen nach einigen Minuten die Nudeln gar aus.

Mit vorbereiteten Sößchen, auf eleganten Tellern sehr hübsch angerichtet, erhielten die gespannten Zuschauer nun die Kostproben. Sofort herrschte allgemein große Begeisterung, sodass sich auch Anna Lena ans Probieren wagte. Und ihre Verblüffung kannte kaum Grenzen: „Wir haben's geschafft. Wir haben im Kochbrunnen gekocht!" Auch wenn nicht jeder Hesse dieses Experiment einfach so am Kochbrunnen wiederholen darf, so sollte er zumindest wissen, dass das Kochen darin möglich wäre.

ZUM FILM

Das Kurhaus Wiesbaden gilt als gesellschaftlicher Mittelpunkt der Kurstadt

Wiesbadens heiße Quellen

Der Kochbrunnen

Im Brunnen laufen 15 Quellen zusammen und sprudeln pro Minute 880 Liter Thermalwasser an die Oberfläche. Die Temperatur des Wassers liegt bei 68,75 Grad Celsius. Nur ein kleiner Teil des Wassers speist die Trinkstelle im Kochbrunnenpavillon und den Kochbrunnenspringer. Der Großteil des Thermalwassers wird zur Aufbereitung in die Kaiser-Friedrich-Therme geleitet.

Kranzplatz, 65183 Wiesbaden

Die Kaiser-Friedrich-Therme

Richtig genießen kann man das Wiesbadener Thermalwasser in der Kaiser-Friedrich-Therme mit vielfältigen Saunaangeboten.

Langgasse 38-40, 65183 Wiesbaden, Tel.: 0611-317060, www.wiesbaden.de/mattiaqua

Preise: Mai-Aug. 4,50 Euro/Stunde, erm. 2,80 Euro/Stunde; Sept.-April 6 Euro/Stunde, erm. 4 Euro/Stunde

Geöffnet: Mai-Aug. täglich 10-22 Uhr, Sept.-April So-Do 10-22 Uhr, Fr/Sa 10-24 Uhr

Das irisch-römische Sudatorium in der Kaiser-Friedrich-Therme

Mehr von Wiesbaden

Weitere Informationen zum Kochbrunnen, zur Therme und zu Hessens Hauptstadt gibt es auf www.wiesbaden.de oder bei der Tourist-Information:

Marktplatz 1, 65183 Wiesbaden, Tel.: 0611-1729930

Geöffnet: Okt.-März Mo-Fr 10-18 Uhr, Sa 10-15 Uhr; April-Sept. auch So 11-15 Uhr

Führungen: Die Stadt Wiesbaden bietet eine Vielzahl von Stadtführungen, Rundgängen und -fahrten an. Aktuelle Informationen auf der Homepage der Stadt.

Witzenhausen ist nicht nur für Kirschen bekannt

Die Kirschenstadt im Werratal hat viel zu bieten

Witzenhausens bekanntestes Markenzeichen sind die roten Leckerbissen trotzdem

Es gibt so ein paar Dinge, die weiß fast jeder Hesse schon über Witzenhausen, während andere fast unbekannt und doch eigentlich noch viel bemerkenswerter sind.

Fest steht: Wer noch nie hier war, hat wirklich etwas versäumt. Die hübsche Kleinstadt mit ihren 15.000 Einwohnern liegt im romantischen Werratal und kann mit einer malerischen Besonderheit aufwarten. Hoch droben im hessischen Norden liegt das größte zusammenhängende Kirschenanbaugebiet Europas. Und das ist zur Kirschblüte nicht nur wahnsinnig schön, sondern auch ein wichtiger wirtschaftlicher Faktor. Denn die Witzenhausener wissen diese fruchtige Fachkompetenz so richtig zu feiern: Jedes Jahr im Juli – 2014 ausnahmsweise schon im Juni – ist die dreitägige Kesperkirmes der Höhepunkt des Witzenhausener Kirschenkults. Auf dem Programm stehen dann Festlichkeiten mit Livemusik und Disco mitten in der Stadt, ein herrliches Entenrennen mit quietschgelben Plastik-Enten, die deutschen Meisterschaften im Kirschsteinspucken und vor allem die Wahl der Kirschenkönigin. Letzteres ist ganz sicher der „kirschliche" Höhepunkt des Jahres. Nach einer „Zweiköniginnenfahrt" auf der Werra wird auf dem historischen Marktplatz die bisherige Kirschenkönigin verabschiedet und die neue feierlich gekrönt.

Nicht nur für die Festtage steht die süße Frucht im Mittelpunkt des öffentlichen Lebens. Man hat sich hier schon so einige Köstlichkeiten rund um die „Kesper" einfallen lassen, um sie das ganze Jahr über genießen zu können: Vom Kirschblütenhonig über Likör, Schnaps, Tee und den „Kirsch-Secco" bis hin zum Kirschbier gibt es einfach alles. Auf einem Kirschenerlebnispfad lernt man Bemerkenswertes über die Sortenvielfalt der Süßkirschen.

Aber es gibt noch viel mehr über Witzenhausen zu wissen. Wenn in einem Fernsehquiz einmal die Frage nach der kleinsten Universitätsstadt Deutschlands aufkommen sollte, gibt es nur eine richtige Antwort: Witzenhausen. Die Universität Kassel hat hier nämlich den Fachbereich Ökologische Agrarwissenschaften angesiedelt. Hier kom-

Aromafläschchen in Deutschlands letzter Kautabakfabrik Grimm & Triepel

men nicht nur die Studenten, sondern alle Besucher in den Genuss einer ganz besonderen Attraktion: ein faszinierendes Gewächshaus für tropische und subtropische Pflanzen, in dem Kaffee, Bananen, Zitrusfrüchte und viele andere exotische Pflanzen ganz prächtig gedeihen.

Und falls Sie mal jemand fragen sollte, wo eigentlich noch Kautabak hergestellt wird, können Sie auch darauf „in Witzenhausen" antworten. Seit 1849 produziert die Firma Grimm & Triepel hier den aromatischen Tabak – noch immer auf Maschinen aus dem 19. Jahrhundert und nach traditionellem Rezept. Es ist übrigens die letzte Kautabakproduktion in Deutschland.

Aber eines ist fast allen Hessen völlig unbekannt: Hand aufs Herz, wer könnte wohl eine Preisfrage nach dem Ursprungsort der Biotonne auswendig beantworten? Professor Helge Schmeisky erzählte dem Team des hr-fernsehens die ganze Geschichte seiner Erfindung, die im Laufe der Jahre in ganz Deutschland einen echten Siegeszug angetreten hat. „Wir wollten Torf durch Kompost ersetzen. Bei dieser Aktion haben alle Bürger begeistert mitgemacht." Dafür erfand der Professor 1983 eine eigene Mülltonne für organischen Abfall, die sich inzwischen als Biotonne bundesweit und sogar in anderen Ländern fest etabliert hat.

Ein Besuch Witzenhausens ist also eigentlich nicht nur für jeden Hessen ein Muss. Schließlich kann man hier vom Diebesturm aus einen wunderbaren Blick über die Fachwerkstadt genießen, Schloss Berlepsch besichtigen, durch den Park des Wilhelmitenklosters schlendern, an Kaffee- und Kakaopflanzen schnuppern, Kautabak probieren und vielleicht sogar den Erfinder der Biotonne auf ein Kirschbier einladen.

ZUM FILM

Ein weiterer Grund für einen Besuch in Witzenhausen: Schloss Berlepsch

Mehr als nur rote Früchte

Der **Kirschenerlebnispfad** führt Besucher auf 4,5 Kilometern durch die Stadt Witzenhausen und die umliegende Landschaft. An 17 Erlebnisstationen kann man auf unterhaltsame Weise viel über die roten Früchte lernen. Informationen über die Tourist-Information (siehe unten).

Das **Gewächshaus für tropische Nutzpflanzen** der Universität Kassel beherbergt Zitrusgewächse, Kokospalmen, Bananen, Muskatnuss, Kakao, Kaffee, Guarana, Pitaya und mehr exotische Nutzpflanzen.
Steinstraße 19, 37213 Witzenhausen, Tel.: 05542-981231 (erreichbar Mo-Do 8-13 Uhr)
www.tropengewaechshaus.de

Preise: Eintritt frei

Geöffnet: Mi, Fr, Sa/So und Feiertage 14-16 Uhr, öffentliche Führungen werden jeden Samstag um 14 Uhr angeboten (2,50 Euro/Person); Gruppenführung, Themenführungen und andere Angebote nach Absprache.

Deutschlands letzte **Kautabakproduktion** kann auch besichtigt werden – inklusive Geschmacksprobe.
Grimm & Triepel Kruse-Kautabak
Walburgerstraße 48, 37213 Witzenhausen, Tel.: 05542-911617, www.krusekautabak.de

Preise: 1,50 Euro, Führungen ab 45 Euro/Gruppe

Geöffnet: Besichtigungen Do/Fr 10-12 Uhr, Führungen nach Absprache

Der **Diebesturm** (Oberburgstraße) wurde im Jahre 1413 erbaut und nachträglich in die alte Stadtmauer eingefügt. Er ist frei zugänglich und vom 1. April bis zum 31. Oktober täglich zwischen 9 und 20 Uhr geöffnet.

Die ältesten Teile von **Schloss Berlepsch** stammen aus dem 14. Jahrhundert. Es ist noch heute im Besitz der Familie Berlepsch und wird seit mehreren Jahrhunderten von Generation zu Generation weitergegeben. Die hr-fernsehen-Zuschauer kürten es als Hessens schönstes Schloss! Es lässt sich auf vielen Wegen entdecken: auf einer Führung, bei einer der vielen Veranstaltungen, im mittelalterlichen Restaurant oder bei einem Einkauf in der „Vorratskammer" auf dem Wanderweg Werra-Burgen-Steig Hessen.
Berlepsch 1, 37218 Witzenhausen, Tel.: 05542-507015, www.schlossberlepsch.de

Weitere Infos zur Stadt Witzenhausen
Pro Witzenhausen
Ermschwerder Straße 2, 37213 Witzenhausen, Tel.: 05542-60010, www.kirschenland.de

Herrliche Idylle für Naturfreunde – doch im Sommer haben die Mücken hier das Sagen

Die Knoblochsaue ist Hessens Mückenhölle

Im Sommer wird Stockstadt von Blutsaugern regiert

Es gibt einen Ort in Hessen, an dem man im Sommer nicht unbedingt ein romantisches Picknick planen sollte, es sei denn, man ist ziemlich hartgesotten. Denn in der Knoblochsaue, im größten Naturschutzgebiet des Landes, dem Kühkopf bei Stockstadt am Rhein, hält es dann wirklich kaum einer länger als zehn Minuten aus – wenn überhaupt. Hier gibt es zur heißen Jahreszeit unfassbar viele Stechmücken. Pro Quadratmeter finden sich in manchen Jahren locker 40.000 dieser lästigen Blutsauger. Ja, pro Quadratmeter! 40.000! Damit Anwohner der näheren Umgebung überhaupt noch vor die Tür gehen können, rücken Fachleute der „Kommunalen Arbeitsgemeinschaft zur Bekämpfung der Schnakenplage" (KABS) jeden Frühsommer aus, um die Mückenlarven mit einem biologischen Wirkstoff unschädlich zu machen. So gelingt es immerhin, die Plage auf ein erträgliches Maß zu reduzieren. Zwischen Schnaken, Mücken und Moskitos besteht übrigens kaum ein Unterschied.

hr3-Moderator Tobias Kämmerer begab sich todesmutig in die Mückenhölle, weil er unbedingt beweisen wollte: Ein echter Hesse hält es zehn Minuten hier aus – und das im Boxer-Outfit mit viel nackter Haut und völlig ohne chemische Schutzmittel. Dabei erhielt er vorab von einem echten Fachmann eine eindringliche Warnung. KABS-Mitarbeiter Frank Hesse machte ihm klar: „Hier hilft nur Chemie. Alles andere kannst du vergessen." Dann gab es noch den ultimativen Tipp, wie man die stechenden Quälgeister am besten von sich fern hält: „Möglichst nicht schwitzen und wenig atmen." Schweiß und Atem, erklärte Frank, seien wie Lockstoffe für die Biester. „Fast kein Problem", erwiderte Tobi – und dann ging es per Auto mitten in die Gefahrenzone.

Nachdem Frank Hesse die Stoppuhr startete, wurde Tobi sonnenklar, dass er mit seinen Boxhandschuhen herzlich wenig gegen die Schnaken ausrichten konnte. Immerhin hatte er anfangs noch die Kraft, den Fachmann nach den Gründen für diesen Mückenreichtum im Kühkopf zu fragen. „Hier ist ein naturbelassener Auwald, der regelmäßig durch Hochwasser überflutet wird. Das ist die optimale Brutstätte der Schnake." Tobis Kamerateam hatte sich durch Imkeranzüge auf die Mückenhölle bestens eingestellt, doch er selbst war heilfroh, als die zehn Minuten vorbei waren. Für die Stechmücken der Knoblochsaue war er, wie nachher unschwer zu erkennen war, ein echter Leckerbissen, denn seine Haut war übersät von Rötungen und Pusteln. Etwa 50 Stiche zählte die „fünfzig dinge ..."-Redaktion am nächsten Tag. Wichtiger war aber Tobis Triumph und die Erkenntnis: Ein echter Hesse kann es, wenn er nicht mehr alle Tassen im Schrank hat, zehn Minuten ohne Schutz in der Mückenhölle aushalten. Viel mehr ist allerdings nicht drin.

Naturschutzgebiet Kühkopf-Knoblochsaue

Das 24 Quadratkilometer große Naturschutzgebiet bietet 60 Kilometer Wanderwege, die sogar für Radfahrer bestens geeignet sind. Dazu beherbergt es ein Auenschutzgebiet von europäischer Bedeutung. Wer hier mit offenen Augen umhergeht, kann Fische, Fledermäuse, Heuschrecken, Schmetterlinge, Vögel (250 verschiedene Arten!) und viele weitere Tierarten sowie Pflanzen entdecken. Informationen unter www.kuehkopf.hessen.de

Im **Informationszentrum des Naturschutzgebietes** können sich Besucher über den Lebensraum Aue informieren. Außen gibt es einen Auenerlebnispfad und auch Informationen zu Veranstaltungen rund um das Naturschutzgebiet sind hier erhältlich: Anfahrt über Rheinstraße
64589 Stockstadt am Rhein

Geöffnet: Sa/So und Feiertage 9-17 Uhr

45

Das Porträt von Philipp dem Großmütigen entstand um 1560, vermutlich von Hans Krell

In Hessen kann man zwei Ehefrauen haben

Na ja, fast! Zumindest Landgraf Philipp konnte das

Einige Männer Hessens werden sich vielleicht schon mal gefragt haben: „Wie komme ich an eine zweite Ehefrau?" Aber nur ein Mann in Hessen hat es bislang wirklich geschafft, ganz offiziell zwei Frauen zu ehelichen.

Am 13. November 1504 kam in Marburg Landgraf Philipp I. aus dem Hause Hessen zur Welt. Als er im Alter von 20 Jahren die Prinzessin Christina von Sachsen heiratete, schien in seinem adeligen Leben alles noch ganz normal abzulaufen. Aber ganz offensichtlich zeichnete den Landgrafen ein überdurchschnittlicher Sexualtrieb aus. Neun gemeinsame Kinder hatten die beiden und Philipp soll immer wieder fremdgegangen sein ... Deshalb erschien es ihm 1540 notwendig, sich eine zweite Ehefrau zuzulegen. Das auf diese Weise beglückte Hoffräulein Margarethe von der Saale war nicht nur 18 Jahre jünger als Philipp, sondern ganz bestimmt außergewöhnlich sinnenfroh.

Was man dazu wissen muss: Bigamie stand damals unter Todesstrafe. Auch die Kirche lehnte so etwas Unzüchtiges selbstverständlich ab. Wie also hatte der triebhafte Landgraf das geschafft? Um seine beiden gleichzeitigen Ehen zu legalisieren, wandte sich der Großmütige an jene soeben reformierte christliche Kirche, die er eindeutig viel attraktiver fand als die geläufige katholische Variante: die evangelisch-lutherische. Zwar konnte man auch in evangelischen Kreisen nichts Gutes an zwei gleichzeitigen Ehen finden, doch Philipp war wohl ein buchstäblicher Härtefall. Er konnte offenbar gleich drei Hoden sein Eigen nennen. Der medizinische Fachbegriff dafür ist heutzutage Triorchie. Und mit dem Nachweis dieser körperlichen Besonderheit machte er sogar Kirchenvater Martin Luther begreiflich, dass ein seltenes Exemplar wie er auch mehr als eine Ehefrau benötigte.

Freilich hatte Philipp durch seinen Reichtum und sein Faible für die evangelisch-lutherische Kirche zwei weitere starke Argumente, den hochoffiziellen Segen für die beiden Ehen zu bekommen. Aber die drei Argumente im Schrittbereich sollen angeblich den Ausschlag gegeben haben. Heute zweifelt man Philipps Triorchie an, aber so genau lässt sich das ja nicht mehr überprüfen.

Landgraf Philipp war jedenfalls – nach anfänglich großer Skepsis – ein echter Luther-Fan. Dass so viele Menschen in Hessen evangelisch sind, geht nicht zuletzt auf seine Kappe. Er ließ nicht nur den evangelischen Glauben einführen, sondern gründete die erste evangelische Universität der Welt: die Philipps-Universität zu Marburg. Viele meinen, er habe für Hessen den Startschuss für den Beginn der Moderne gegeben, zumal er sich im Gesundheits- und Schulwesen einen Namen machte und Andersgläubige nicht hinrichten ließ. In puncto Ehefrauen bleibt aber festzuhalten: Philipp der Großmütige war die absolute Ausnahme. Für alle anderen gilt damals wie heute: Bigamie ist verboten – und das muss nicht nur jeder Hesse wissen.

ZUM FILM

Auf Philipps Spuren (i)

Die Stadt Marburg bietet eine Themenführung zu Philipp dem Großmütigen an. Infos und Buchung bei Marburg Tourismus und Marketing Tel.: 06421-991223 Mail: gaestefuehrungen@marburg.de www.marburg.de/mtm

Das Landgrafenschloss mit Museum Ein Rundgang durch die historischen Räumlichkeiten und das kulturgeschichtliche Museum lohnt sich. Schlosspark und das Schlosscafé inmitten des Rosengartens sind ebenfalls sehenswert.

Preise: 4 Euro, erm. 3 Euro; öffentliche Führung zzgl. 3 Euro

Geöffnet: April-Okt. Di-So 10-18 Uhr, Nov.-März Di-So 10-16 Uhr, Sonderregelung siehe Internetseite, öffentliche Führungen April-Okt. So 15 Uhr (Treffpunkt: unterer Schlossvorhof)

Infos zum Landgrafen selbst gibt es auf www.philipp-von-hessen.de

Die „Jakobssegnung" von Rembrandt – zu sehen im Schloss Wilhelmshöhe in Kassel

Das teuerste Gemälde Hessens hängt in Kassel

Dieser Rembrandt ist besonders kostbar

Wir Hessen sind ja für unsere Kunstsinnigkeit bekannt. Vor allem die bildende Kunst hat es uns angetan. Aber wo, so fragte sich die „fünfzig dinge …"-Redaktion, hängt eigentlich das wertvollste Gemälde des Landes? Sowohl im Hessischen Landesmuseum in Darmstadt als auch im berühmten Frankfurter Städel sucht man danach vergeblich. Selbst im Frankfurter Museum für Moderne Kunst findet es sich nicht. Sündhaft teure Bilder gibt es in diesen Sammlungen reichlich, aber für die kostbarsten muss man nach Kassel fahren, und zwar ins Museum Schloss Wilhelmshöhe.

Die Sammlung Gemäldegalerie Alte Meister im Schloss lässt jedem Malereiliebhaber das Herz höher schlagen. Dr. Justus Lange, der Leiter der Galerie, führte das Kamera-team des hr-fernsehens zu den wertvollsten Schätzen in der Ausstellung. Verkaufen würde er sie selbstverständlich nie – aber er muss schon von Berufs wegen wissen, was sie wert sind. Als wollte er es besonders spannend machen, präsentierte er zu Beginn ein Bild im Wert von knapp fünf Millionen Euro. Das Gemälde „Pan und Syrinx" von Peter Paul Rubens und Jan Brueghel dem Älteren ist ein „kleinformatiges Kabinettgemälde", erläuterte er, „feinmalerisch bis in die kleinsten Details." Es wirkt farblich so brillant und gestochen scharf, als wäre es ein HD-Bild des frühen 17. Jahrhunderts.

Das war aber erst der Anfang, denn dann folgte das Rubens-Gemälde „Ohne Bacchus und Ceres friert die Venus". Herr Lange weiß: „Wenn man es auf den Markt bringen würde, hätte es einen Schätzwert von 20 bis 30 Millionen Euro." Man muss immer wieder staunen, welche ungeheuren Werte durch die Kunst aus vergleichsweise sehr geringen Materialkosten über die Jahrhunderte entstanden sind. Voller Ehrfurcht erstarrt man förmlich beim teuersten Stück der Sammlung – und damit dem wertvollsten Gemälde in hessischem Besitz: Rembrandts „Jakobs-

segen" aus dem Jahre 1656. Das Bild stellt eine Bibelszene dar: Kurz vor seinem Tod segnet der alte Patriarch Jakob seine beiden Enkel. Auf dieses Bild verübte 1977 ein geistig Verwirrter ein schändliches Säureattentat, das aber im Endeffekt zu einer herrlichen Restaurierung des Gemäldes führte. Jetzt sind die Farben in ihrer ursprünglichen Pracht wiederhergestellt. Das Meisterwerk wird auf einen Wert von 100 Millionen Euro taxiert; das ergab eine Schätzung im Auftrag der Hessischen Landesregierung. Somit ist es hochoffiziell das wertvollste Stück der hessischen Sammlung.

ZUM FILM

Museum Schloss Wilhelmshöhe

Bei den alten Meistern

Schwerpunkt der Sammlung der Gemäldegalerie ist die holländische und flämische Malerei des 17. Jahrhunderts. Besonders der Sammelleidenschaft von Landgraf Wilhelm VIII. von Hessen-Kassel (Regierungszeit 1751-1760) hat die Galerie ihren Schatz zu verdanken.

Museum Schloss Wilhelmshöhe
Gemäldegalerie Alte Meister
Schlosspark 1, 34131 Kassel
Tel.: 0561-316800
www.museum-kassel.de

Preise: 6 Euro, erm. 4 Euro, Kinder (bis 18) Eintritt frei

Geöffnet: Di, Do-So, Feiertage 10-17 Uhr, Mi 10-20 Uhr, Sonderregelungen siehe Homepage

Allein der Kofferraum des ältesten zugelassenen Fahrzeugs in Hessen ist sehenswert

Durch Frankfurt tuckert Hessens ältestes Auto

Das 115-jährige Modell hat eine gültige Zulassung

Fritz Hochhut (1921-2001) war schon ein verrückter Typ. Der gelernte Maschinenschlosser, ein waschechter „Bockenheimer Bub", übernahm nach dem Krieg den väterlichen Betrieb im Gallusviertel Frankfurts. Seine Firma „Taunus-Motor" vertrieb Motoren, reparierte Motorräder und handelte mit Baumaschinen. Doch vor allem lagen Hochhut historische Motoren und Maschinen am Herzen – und eine unglaubliche Sammelleidenschaft begann. Heute kann man sie in der „Technischen Sammlung Hochhut" in der Hattersheimer Straße ansehen, muss sich aber vorher anmelden. Es kostet noch nicht mal Eintritt, aber die Betreiber freuen sich über eine Spende.

Was man dort zu sehen bekommt, ist umwerfend und ganz bestimmt von großem zeitgeschichtlichen Wert: herrliche Oldtimer, Hochräder, historische Motorräder und manches mehr. Das Schmuckstück ist aber ein

Automobil aus dem Jahre 1898, das unglaublicherweise noch eine richtige Zulassung für den Straßenverkehr hat. Sein Name: Bergmann Picolo, hergestellt in der Automobilfabrik Gaggenau, seit 50 Jahren in Frankfurt gemeldet, Zulassungskennzeichen F–EP 188. Das älteste noch zugelassene Fahrzeug Hessens hat einen einzylindrigen Ottomotor mit 3,8 PS, der per Handkurbel gestartet wird, wiegt schlanke 475 Kilogramm und ist natürlich ein Zweisitzer. Der Fahrer sitzt, wie das damals noch üblich war, rechts. Etwas, das man sich von Kutschen abgeschaut hatte. Es gibt zwei Vorwärtsgänge, aber keinen zum Rückwärtsfahren. Da wird das Einparken zum Abenteuer – oder zur Handarbeit. Als Sonderzubehör wurden seinerzeit eine Taschenuhr angeschraubt und ein Schirmständer angebracht, denn der „Picolo" ist kutschenartig dachlos. Stolze 2.500 Goldmark musste man übrigens damals für das Schmuckstück berappen, etwa das dreifache Jahresgehalt eines damaligen Arbeiters.

Die Mitarbeiter der Sammlung lieben ihre Schätze wie einst ihr Sammler und ehemaliger Firmenchef Fritz Hochhut, den einige von ihnen noch persönlich kannten. Für die Instandhaltung der betagten Fahrzeuge braucht man viel Leidenschaft und Geduld – sogar fürs Anlassen. Denn sich einfach in den guten alten Bergmann reinsetzen und ihn starten kann man nicht, was teilweise auch daran liegt, dass das heutige Benzin ein deutlich anderes ist als Ende des 19. Jahrhunderts. Der normale Startvorgang dauert 30 Minuten, aber es kann schon mal passieren, dass das gute Stück überhaupt nicht mag. Dann hilft nur eine geduldige Analyse – und notfalls

muss man es auseinandernehmen, reinigen und wieder zusammenbauen.

Mechaniker Harald Kaspari kennt das aber schon und freut sich bei aller Mühe immer wieder auf den Augenblick, wenn das recht laute Tuckergeräusch des Motors zum Dauerzustand wird und er das älteste Auto auf Hessens Straßen auf geschmeidige 40 Stundenkilometer beschleunigen kann. Diese Ausflüge sind verständlicherweise sehr selten; aber es gibt sie. Dafür hat der Bergmann schließlich sein Zulassungskennzeichen.

ZUM FILM

Der Bergmann Picolo von 1898

Technische
Sammlung Hochhut

Hattersheimer Straße 2-4
60326 Frankfurt am Main
Tel.: 069-7392796, Mobil: 01573-7499275
www.technische-sammlung-hochhut.de

Preise: Eintritt frei, Spenden erbeten

Besuch der Sammlung nach vorheriger Anmeldung möglich (Bürozeiten: Mi 10-16 Uhr).

Ohne Verkleidung geht auch beim hessischen Fastnachtsbrauch gar nichts

Beim Fastnachtsumzug herrscht Kostümpflicht

Spaßbremsen haben keine Chance

Fastnacht in Hessen – die hat von Nord bis Süd wirklich Tradition. 1508 wurde sie in Fulda erstmals erwähnt; und der Fastnachtsumzug „Klaa Paris" in Frankfurt-Heddernheim existiert schon seit 1839. Damals weihte man am Fastnachtsdienstag die „Gemaa-Bumb", einen öffentlichen Brunnen, ein und beging dies in ausgelassener Fröhlichkeit. Heutzutage ist zu Karnevalszeiten wirklich vieles erlaubt, doch wenn es um einen traditionellen Fastnachtsumzug geht, gibt es durchaus einige „No-Gos". Unbedarfte Passanten sollten das unbedingt wissen, denn einfach so unkostümiert mitmachen zu wollen, das gehört sich nicht.

Anna Lena Dörr machte die Probe aufs Exempel und stürzte sich ins Getümmel. Der „Heddemer Käwwern e. V." (Heddernheimer Käfer) war von 1882 bis 1951 Veranstalter des Umzugs, danach gründete sich die Zuggemeinschaft „Klaa Paris e. V.", die das bunte Treiben bis heute organisiert. Die Veranstalter sind sich dieser langen Tradition sehr bewusst. Deshalb erntete Anna Lena ein entschiedenes „Neiiiiiin!" auf ihre Frage, ob man sich denn auch in normaler Straßenkleidung dem Zug anschließen dürfe. Stattdessen reichte man ihr sofort ein Häschenkostüm, womit die Frage sehr entschieden und final beantwortet war. „Da habe ich ja noch mal Glück gehabt, dass die Fastnachter in Hessen so hilfsbereit sind", konnte sie erleichtert feststellen. Sogar Kamellen und Konfetti stellte man ihr rasch zur Verfügung, sodass dem echten und traditionellen Fastnachtstreiben auch für sie nichts mehr im Wege stand. Aber ob man sie als frisch kostümierten Eindringling auch beim Fastnachtszug mitmachen lassen würde?

Mit einem hr-Mikrofon bewaffnet schummelte sie sich einfach mitten hinein. „Hallo, ich bin die Anna! Was soll ich machen?" Bei einer solch unbedarften Neugier half nur eins: im Takt bleiben und fröhliche Lieder mitsingen. Spätestens beim gemeinsamen „Komm hol das Lasso raus – Wir spielen Cowboy und Indianer ..." wusste sie, wie hier das Häschen läuft. Anna Lena war froh, sich nicht blamiert zu haben. Nach einer Stunde war das Spektakel mit über 100.000 begeisterten Frankfurter Narren vorbei. Wie sie sich denn als blutige Anfängerin geschlagen habe, wollte Anna von den erfahrenen Fastnachtern danach wissen. Die jubelten ihr nur zu und waren sehr zufrieden mit ihr. Als ihr dann aber ein lautes „Alaaf!" rausrutschte, war die Empörung groß. „In Hessen heißt das Helau!", wurde im Chor gebrüllt. Einerseits müsste man bezweifeln, ob Anna nach diesem Lapsus jemals wieder am Faschingsumzug im „Klaa Paris" teil-

nehmen darf. Andererseits steht eines außer Frage: Hessische Fastnachter sind offene Menschen – und so wurde Anna direkt für das nächste Jahr eingeladen.

ZUM FILM

Narrenfreiheit

Traditionelle Fastnachtsumzüge jeder Größenordnung gibt es überall in Hessen. In Frankfurt startet der größte Umzug Hessens am Fastnachtssonntag, während die Narren am Dienstag die Gassen von „Klaa Paris" erobern.

Mehr Infos zur Frankfurter Klaa Pariser Fastnacht, die in der Kampagne 2014 übrigens ihr 175-jähriges Bestehen feiert:

Verein Heddemer Käwwern
Harald Beckenbach
Tel.: 069-525942
Mail: harald.beckenbach@kaewwern.com
www.heddemer-kaewwern.de

Verein Zuggemeinschaft Klaa Paris
Dietmar Pontow (1. Vorsitzender)
Tel. 069-581314
www.klaa-paris.com

Auch in der Landeshauptstadt Wiesbaden oder in Seligenstadt – zur Fastnacht „Schlumberland" genannt – wird die fünfte Jahreszeit mit bekannten Umzügen gefeiert.

Weitere Informationen zu Fastnachtsveranstaltungen in Hessen gibt es auf www.hessen-tourismus.de oder bei den jeweiligen Städten.

Bereits seit etwa 1900 wird die riesige Dorflinde von einem Balkengerüst gestützt

Der älteste Baum wächst bei Bad Hersfeld

In Schenklengsfeld hat er Wurzeln geschlagen

Auf dem Marktplatz von Schenklengsfeld im Landkreis Hersfeld-Rotenburg steht eine Sensation: Der älteste Baum Hessens ist vermutlich sogar der älteste Baum Deutschlands. Weit über 1.000 Jahre hat er auf der Rinde. Auf den ersten Blick sieht das prachtvolle Gewächs aus wie vier einzelne Linden, die von einem imposanten Balkengerüst gestützt werden. Doch die vier Stämme haben wahrscheinlich einen gemeinsamen Wurzelstock. Die Krone der Linde besteht aus horizontal wachsenden Ästen. Vermutlich ist das durch Lenkung entstanden, um die Linde in die Breite und nicht in die Höhe wachsen zu lassen. Früher wie heute findet einmal im Jahr ein Trachtenfest statt, zu dem im Innenraum der vier Lindenstämme musiziert und getanzt wird.

Voller Ehrfurcht erstarrt man hier als Besucher, wenn man sich vor Augen führt, was dieser Baum alles erlebt haben muss: verheerende Seuchen, Hexenverbrennungen, das Inferno zahlreicher Kriege. Ein Stein inmitten des Innenraums besagt, die Linde sei im Jahre 760 gepflanzt worden. Sollte das stimmen, dann wäre sie schon vor der Krönung Karls des Großen an dieser Stelle in die Erde gesetzt worden und hätte eine unfassbar lange Zeit überdauert.

Man hat herausgefunden, dass unter ihr vom 16. bis weit ins 19. Jahrhundert hinein Gericht gehalten wurde. Auch ein Pranger soll hier gestanden haben. Ganz sicher weiß man, dass hier verurteilte Feld- und Waldfrevler „Strafe stehen" mussten. Heute kann man diese schicksalsträchtige historische Dimension nur noch erahnen.

Was bleibt, ist ein atemberaubender Anblick. Das hr-Kamerateam hatte natürlich bei den Dreharbeiten ein Maßband dabei, um den genauen Umfang der Linde festzustellen. Legt man ein solches um alle vier Stämme, dann misst man unglaubliche 18,40 Meter, was absoluter Rekord für ganz Deutschland ist. Die Krone hat sogar einen Umfang von etwa 25 Metern. Schon 1926 wurde die Schenklengsfelder Linde zum Naturdenkmal erklärt. Noch heute ist übrigens ein Wachstum festzustellen und die imposante Linde ist weit davon entfernt, ihren Lebensgeist zu verlieren. Jedes Jahr trägt sie ihre Blätter aufs Neue und ist ein echtes Wunderwerk der Natur.

Eine Dorflinde auf zentralen Plätzen ist in Deutschland keine Seltenheit und bewegte wohl auch die Geschwister Schramm 1960 zu ihrem damals recht erfolgreichen Schlager „Im Dorf die alte Linde". So alt wie jene in Schenklengsfeld ist aber ganz offensichtlich keine andere Linde in Deutschland geworden.

ZUM FILM

Die Rekordlinde

Die altehrwürdige Linde steht mitten im Ort:
An der Linde
36277 Schenklengsfeld

Auch heute noch ist die Linde der Treffpunkt für die Schenklengsfelder Bürger. Im jährlichen Wechsel finden hier das Lindenblütenfest mit Musik, Tanz und Theater und der „Abend unter der Linde" mit buntem Programm des Heimatvereins Landeck statt.

Informationen zur Linde und zu den Veranstaltungen gibt es bei der Gemeindeverwaltung:
Tel.: 06629-92020
www.schenklengsfeld.de

Heute wird unter dem Blätterdach gefeiert

hr3-Moderator Tobi zog als Goethe durch die Frankfurter Innenstadt

Goethe hatte ein paar Geheimnisse

Kleine Geschichten um den großen Dichter

Deutschland wird auch heute noch oft als das Land der „Dichter und Denker" bezeichnet. Dazu hat vor allem ein genialer Frankfurter beigetragen: Johann Wolfgang von Goethe (1749-1832) zählt zweifellos zu den berühmtesten und meistgeschätzten Dichtern der Welt. Vor allem seine Dramen „Götz von Berlichingen", „Iphigenie auf Tauris" und „Faust", aber auch seine Novellen, Romane und Gedichte werden sicher für immer zur Weltliteratur gehören. Darüber hinaus war er Naturwissenschaftler, Jurist, Staatsmann, Philosoph und Kunstkritiker; ein echtes Genie eben.

Doch kein Genie ist ohne Schwächen – und so sind durchaus einige Dinge aus Goethes Leben erst nach langen Recherchen ans Tageslicht geraten. Beispielsweise war seine Zahlungsmoral nicht die beste, vor allem was seine Weinrechnungen anging. Er muss ordentlich gebechert haben. 1816 hatte er etwa 200 Flaschen Wein in seinem Keller. Allein beim Erfurter Lieferanten Ramann bestellte er 60 Liter pro Monat, bei einem fränkischen Weinhändler aus Dettelbach über 300 Liter auf einen Schwung. Das führte mitunter zu beträchtlichen Verbindlichkeiten, da sich Goethe meist sehr lange Zeit zum Bezahlen ließ – oft sogar über ein Jahr.

Daran waren allerdings die Weinhändler selbst nicht ganz unschuldig, denn sie verwendeten gern den berühmten Kunden als

Referenz für ihr Geschäft. Ehefrau Christiane von Goethe schrieb ihrem Mann einmal: „Mit der Zahlung müsse es nicht gleich sein. Und wenn du alle halb Jahr oder alle Jahre bezahlest, darauf käm es gar nicht an, aber die Bestellung müsse bald geschehn, denn in drei Wochen könnte er vielleicht alle sein." So kam es, dass im selben Jahr die Weinschulden an Ramann auf beträchtliche 1.433 Thaler anwuchsen. Mahnungen mochte Herr von Goethe überhaupt nicht; da konnte es geschehen, dass er sogar mit dem Abbruch der Geschäftsbeziehungen drohte.

Vom großen Dichterfürsten wird außerdem berichtet, er habe panische Angst vor Hunden gehabt. Dass im „Faust" der Teufel in Gestalt eines Pudels erscheint, ist deshalb sicher kein Zufall. Vermutlich ist diese Hundephobie schon in Kindheitsjahren entstanden, obschon Johann Wolfgang sehr streng behütet aufwuchs. Vater Johann Caspar Goethe hat angeblich sogar ein extra Fenster in die Brandmauer des heimischen Hauses brechen lassen, um ihn und seine Schwester Cornelia besser beobachten zu können. In diesem Punkt streiten sich die Experten aber, ob das wirklich der Wahrheit entspricht.

Nicht gerade ein Geheimnis, aber doch verhältnismäßig unbekannt ist eine naturwissenschaftliche Erkenntnis Goethes. 1784 entdeckte er den Zwischenkieferknochen am menschlichen Schädel, der bis dahin nur bei Tieren bekannt war. Darüber freute er sich so diebisch, dass er sich in einem Brief an Charlotte von Stein zu folgender Formulierung hinreißen ließ: „Es ist mir ein köstliches Vergnügen geworden, ich habe eine anatomische Entdeckung gemacht, die wichtig und schön ist. (...) Ich habe eine solche Freude, dass sich mir alle Eingeweide bewegen."

Was sich genau bei hr3-Moderator Tobias Kämmerer alles bewegte, als er – in Gestalt des großen Goethe – mit dem Mikrofon durch die Frankfurter Innenstadt streifte, ist der „fünfzig dinge ..."-Redaktion nicht bekannt. Auf jeden Fall konfrontierte er viele Passanten mit diesen kleinen Goethe'schen Geheimnissen und stieß auf komplette Unkenntnis – die hiermit ja nun aus der Welt geräumt sein sollte ...

ZUM FILM

Mehr von Goethe ⓘ

Das Geburtshaus des großen Dichters befindet sich in Frankfurt. Hier wuchs Goethe gemeinsam mit seinen Eltern und seiner Schwester auf. Besucher können das Haus Stockwerk für Stockwerk besichtigen. Im dort befindlichen Goethe-Museum ist die einzige Gemäldegalerie, die sich ausschließlich der Goethezeit widmet.

Frankfurter Goethe-Haus und Goethe-Museum
Freies Deutsches Hochstift
Großer Hirschgraben 23-25
60311 Frankfurt am Main
Tel.: 069-138800
Mail: info@goethehaus-frankfurt.de
www.goethehaus-frankfurt.de

Preise: 7 Euro, erm. 3 Euro, Schüler 1,50 Euro

Geöffnet: Mo-Sa 10-18 Uhr, So und Feiertage 10-17.30 Uhr

Alle Gutscheine auf einen Blick

Über die Nummer finden Sie auf den folgenden Seiten ganz einfach den jeweiligen Gutschein. Die Seitenzahl in Klammern führt Sie zum passenden Kapitel der Wissens-Hitliste.

HINWEIS: Für den Inhalt der Gutscheine sind die jeweiligen Unternehmen verantwortlich. Wir bitten um ihr Verständnis, dass der Verlag keine Haftung für nicht anerkannte Gutscheine übernehmen kann. Eine Barauszahlung der Coupons ist ausgeschlossen.

4

… mit Salz zu Gesundheit und Wohlbefinden.
In Niddas beschaulichem Heilbad Bad Salzhausen lockt neben dem wunderschönen, 52 Hektar großen Kurpark auch die Justus-von-Liebig-Therme.
Das Solebad mit Innen- und Außenbecken, eine abwechslungsreiche Saunaland-schaft und die beliebte Salzgrotte versprechen Entspannung und Erholung.
Für Badegäste täglich kostenfreie Wassergymnastik und zahlreiche buchbare Therapien und Anwendungen ergänzen das Angebot.

Justus-von-Liebig-Therme
Kurallee 2, 63667 Nidda Bad Salzhausen, Tel.: 06043-963331, www.bad-salzhausen.de

---

5

1860 gilt als Geburtsjahr des Telefons: Damals gelang dem Friedrichsdorfer Lehrer und Physiker Philipp Reis (1834-1874) erstmals die Übertragung von Sprache über eine größere Distanz. Die Ausstellung im Philipp-Reis-Haus erzählt vom Leben und Schaffen des Erfinders und von der Entwicklung des Fernsprechens.

Philipp-Reis-Haus – Hugenottenstraße 93 · 61381 Friedrichsdorf
Tel.: 06007-918628 oder 06172-72142 · www.friedrichsdorf.de

Das ganze Jahr über finden im Philipp-Reis-Haus Veranstaltungen für Groß und Klein statt. Auf Kinder zwischen fünf und elf Jahren wartet z. B. die Erfinderwerkstatt. Hier wird zu den Themen „Elektrizität", „Akustik" und „Optik" gebastelt, experimentiert und geforscht.

6

Philipp-Reis-Haus – Hugenottenstraße 93 · 61381 Friedrichsdorf
Tel.: 06007-918628 oder 06172-72142 · www.friedrichsdorf.de

7

Emil von Behring lebte und wirkte ab April 1895 in Marburg. Der Nobelpreisträger für Medizin hinterließ als Wissenschaftler und Unternehmer sichtbare Spuren in der Universitätsstadt Marburg. Eine Ausstellung (Bahnhofstraße 7) sowie eine Behring-Route zeigen Leben und Werk.

www.uni-marburg.de/behring-digital
www.marburg.de/behring-route

Preise: Ausstellung frei

Gutschein für eine öffentliche Führung
„Altstadt", April-Okt., Mi 15 Uhr (1 Std., Start: Marktplatz/Brunnen) oder ganzjährig „Elisabethkirche und Altstadt", Sa 15 Uhr (2 Std., Start: Elisabethkirche/Hauptportal)

Informationen: Marburg Tourismus, Tel. 06421-99120, www.marburg.de/mtm

Wert: bis zu 5 Euro
GÜLTIG BIS 31.12.2015

8

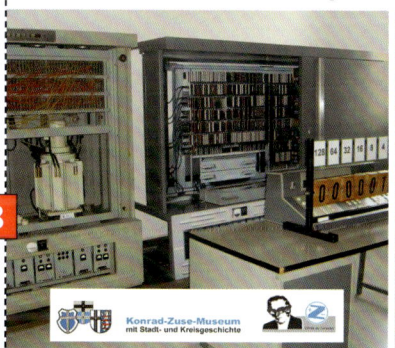

Konrad Zuse, Künstler und Erfinder des Computers, lebte von 1957 bis zu seinem Tod 1995 in Hünfeld. Hier findet man auch das Haus seiner Familie sowie sein Grab – und das Museum mit der umfangreichsten Sammlung von Zuse-Geräten und -Kunstwerken weltweit. Ein Teil des Museums beschäftigt sich zudem mit der Stadt- und Kreisgeschichte Hünfelds.

Preise: 3 Euro, erm. 1 Euro, Familien 6 Euro
Geöffnet: Di/Mi + Fr-So 15-17 Uhr, Führungen nach Vereinbarung

50 % Rabatt
auf den Eintrittspreis, gültig für max. zwei Personen

Konrad-Zuse-Museum mit Stadt- und Kreisgeschichte
Kirchplatz 4-6, 36088 Hünfeld, Tel.: 06652-919884, www.zuse-museum-huenfeld.de

Wert: bis zu 3 Euro
GÜLTIG BIS 31.12.2015

9

Früher wohnte in dem prächtigen Renaissancebau die Familie Grimm. Heute kann man hier einen Blick in die historische Küche und in Erstausgaben werfen – oder im Obergeschoss eine zauberhafte Reise in die Welt der berühmten Grimm'schen Märchen antreten.

Brüder Grimm-Haus und Museum Steinau
Brüder Grimm-Straße 80
36396 Steinau an der Straße
Tel.: 06663-7605 · www.brueder-grimm-haus.de

Preise:
6 Euro, Kinder 4 Euro
Geöffnet: täglich 10-17 Uhr

2 für 1 Gutschein
Beim Kauf von zwei Eintrittskarten erhalten Sie die günstigere gratis.

Wert: bis zu 6 Euro
GÜLTIG BIS 31.12.2015

10

DIE KOZIOL GLÜCKsFABRIK

DESIGN-OUTLET · GLÜCKS-KANTINE · KOZIOL-MUSEUM

Werner-v.-Siemens-Str. 90 · 64711 Erbach
Tel: +49(0)6062 604-325 · www.koziol-gluecksfabrik.de

11

DIE KOZIOL GLÜCKsFABRIK

DESIGN-OUTLET · GLÜCKS-KANTINE · KOZIOL-MUSEUM

Werner-v.-Siemens-Str. 90 · 64711 Erbach
Tel: +49(0)6062 604-325 · www.koziol-gluecksfabrik.de

13

schneider
obsthof am steinberg

Obsthof am Steinberg
Am Steinberg 24
60437 Frankfurt am Main
Büro Tel.: 06101-9875725
www.obsthof-am-steinberg.de

Genießen Sie unsere Bio-Vesper und
hausgemachte Apfelwein-Spezialitäten in
unserer Schoppenwirtschaft (Selbstbedienung).

Geöffnet:
Schoppenwirtschaft April-Okt.
Do/Fr 15-22 Uhr, Sa/So/Feiertag 11-22 Uhr;
Nov.-März Sa 11-21 Uhr, So 11-18 Uhr

Vergünstigung in der Schoppenwirtschaft
Handkäse (klein) o. eine Bratwurst
und einen Hausschoppen o. einen
Apfelsaft (0,25 l) für zusammen
3,50 Euro statt 7 Euro.

Wert: 3,50 Euro
GÜLTIG BIS 31.12.2015

14

Eine wahre Reise in die
Vergangenheit ist die
Fahrt mit der Nerobergbahn! Dank Wasserballast legt die Bahn ihre
438 Meter lange Strecke
in etwa dreieinhalb Minuten zurück und überwindet dabei 83
Höhenmeter – und das
schon seit 1888!

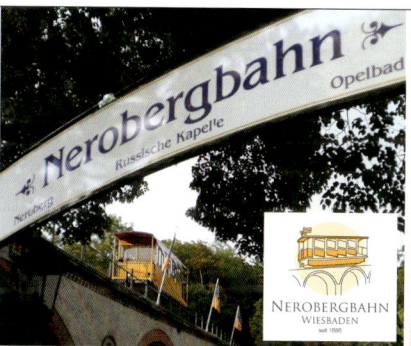

NEROBERGBAHN
WIESBADEN
seit 1888

Preise: Einzelfahrt 2,50 Euro, Kinder
(bis 14) 1,25 Euro, Berg- und Talfahrt
3,30 Euro, Kinder 1,65 Euro

Fahrzeiten: April, Sept., Okt. Mo-Fr 11-19 Uhr,
Sa, So und Feiertage 10-19 Uhr;
Mai-Aug. täglich 9-20 Uhr; die Bahn
verkehrt alle 15 Minuten. Außerhalb der
Betriebszeiten sind Sonderfahrten möglich.

25 % Rabatt
auf den Fahrpreis.
Einlösbar für max. 4 Personen

Adresse der Talstation für Navis: Nerotal 66 · 65193 Wiesbaden
Tel.: 0611-2368500 · www.nerobergbahn.de

Wert: bis zu 3,30 Euro
GÜLTIG BIS 31.12.2015

5

WIESBADEN
PHANTOMS

Seit 1984 sorgen die Wiesbaden Phantoms für Furore in einer außergewöhnlichen
Sportart. Erleben Sie die Faszination American Football im Herzen der
Landeshauptstadt. Die Phantoms freuen sich auf Ihren Besuch!

AFC Wiesbaden Phantoms
Willy-Brandt-Allee 17
65197 Wiesbaden
www.wiesbaden-phantoms.de

Tickets: 10 Euro,
erm. 6 Euro, Kinder
(bis 10) frei (alle Tickets
an der Tageskasse erhältlich)

40 % Rabatt
auf bis zu zwei Tickets

Wert: bis zu 8 Euro
GÜLTIG BIS 31.12.2015

16 Wandern im Welterbe – der zertifizierte Natur- und Landschaftsführer (ZNL) Wolfgang Blum begleitet Wanderer auf dem attraktivsten Abschnitt der beiden Premiumwege Rheinsteig und RheinBurgenWeg. Das UNESCO-Welterbe Oberes Mittelrheintal zwischen Rüdesheim und Koblenz gilt als Grand Canyon der Romantik.

Wolfgang Blum
Rheinsteig-Wegepate und ZNL Oberes Mittelrheintal,
Bachweg 26, 65366 Geisenheim, Tel.: 06722-750508,
www.gaestefuehrer-mittelrhein.de

3 für 1 Gutschein
Eine Person zahlt (5 Euro), zwei weitere Erwachsene gehen gratis mit. Gültig für die von W. Blum geführten Touren aus dem Programm „Dem Erbe auf der Spur" (außer 24-/36-Stunden-Wanderung).

Wert: 10 Euro
GÜLTIG BIS SAISONENDE 2015

Der Hessencourrier ist Hessens erste Museumseisenbahn. Die historischen Züge verkehren zwischen Kassel und Naumburg auf der 33,4 km langen, komplett erhaltenen Ursprungsstrecke der ehemaligen Kassel-Naumburger Eisenbahn. Zu bestimmten Terminen besteht der Zug ausschließlich aus Originalfahrzeugen, die Anfang des 20. Jhs. eigens für die Kleinbahn Kassel-Naumburg gebaut wurden.

17

Hessencourrier
Museumsbahnhof Kassel
Johanna-Waescher-Straße · 34131 Kassel
Tel.: 0561-8075700 oder 0561-581550 · www.hessencourrier.de
(Übersicht aller Bahnhöfe s. Homepage)

Hin- und Rückfahrt:
17 Euro, Kinder (bis 12) 12 Euro // **Termine:** rund 12 öffentliche Fahrten (Fahrplan siehe Homepage)

5 Euro Verzehr-gutschein
einlösbar im Buffettwagen. Dezember-Fahrten sind von diesem Angebot ausgenommen.

Wert: 5 Euro
GÜLTIG BIS SAISONENDE 2015

Eintracht FRANKFURT MUSEUM

18 Die wechselvolle Geschichte der Eintracht ist auch ein Stück Frankfurter Stadtgeschichte. An welchem Ort könnte sie besser erzählt werden als in der Commerzbank-Arena? In diesem Stadion — wo regelmäßig Zehntausende Anhänger gespannt das Schicksal der Adlerträger verfolgen — ist auch das Eintracht Frankfurt Museum zu Hause.

Eintracht Frankfurt Museum · Commerzbank-Arena/Haupttribüne
Mörfelder Landstraße 362 · 60528 Frankfurt · Tel.: 069-95503275 · www.eintracht-frankfurt-museum.de

Preise:
5 Euro, erm. 3,50 Euro
Geöffnet:
Di-So 10-18 Uhr

2 für 1 Gutschein
Beim Kauf von zwei Eintrittskarten erhalten Sie die günstigere gratis.

Wert: bis zu 5 Euro
GÜLTIG BIS 31.12.2015

In Deutschlands letzter Kautabakproduktion wird noch gearbeitet wie in alten Zeiten: Maschinen aus dem 19. Jahrhundert sind im Gebrauch, um nach traditionellem Rezept Kautabak herzustellen. In den Produktionsräumen liegen der warme Tabakduft und der Geruch würziger Kautabaksoße.

22

Grimm & Triepel Kruse-Kautabak

Walburgerstr. 48 · 37213 Witzenhausen · Tel.: 05542-911617
Mail: service@kruse-kautabak.de · www.krusekautabak.de

Preise: 1,50 Euro, Führungen ab 45 Euro
Geöffnet: Besichtigungen Do + Fr 10-12 Uhr, Führungen nach Absprache

Gutschein für **eine kleine Führung der Inhaberin und eine Geschmacksprobe.** Einlösbar nach Anmeldung

Wert: etwa 10 Euro
GÜLTIG BIS 31.12.2015

---

mhk•

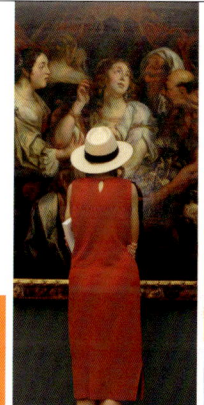

Die Gemäldegalerie Alte Meister zählt zu den herausragenden Sammlungen ihrer Art in Deutschland. Auf drei Stockwerken werden über 500 Meisterwerke von der Spätgotik bis zum beginnenden Klassizismus präsentiert. Einen Schwerpunkt bildet die niederländische Malerei mit Werken von Rembrandt, Rubens, Van Dyck, Jordaens und Frans Hals.

23

Gemäldegalerie Alte Meister
im Museum Schloss Wilhelmshöhe
Schlosspark 1, 34131 Kassel
Tel.: 0561-316800, www.museum-kassel.de

Preise: 6 Euro, erm. 4 Euro, Kinder/Jugendl. (bis 18) frei
Geöffnet: Di-So 10-17 Uhr, Mi bis 20 Uhr, Ausnahmen siehe Homepage

Gegen Gutscheinvorlage erhalten bis zu zwei Personen den
ermäßigten Eintrittspreis

Wert: bis zu 4 Euro
GÜLTIG BIS 31.12.2015

Fortmann
mascerade.com

Der Kostümspezialist im Rhein-Main-Neckar-Gebiet! Das Ladengeschäft in Bürstadt führt über 100.000 unterschiedliche Artikel. Bei dieser Vielfalt findet jede Frohnatur ein ausgefallenes Kostüm für Fassenacht, Halloween, Mittelalterfeste und viele andere Gelegenheiten.

24

Fortmann Mascerade · Nibelungenstraße 112 · 68642 Bürstadt · Tel.: 06206-6174 · www.mascerade.com

Geöffnet:
Mo-Sa 10-18 Uhr, in der Hochsaison bis 20 Uhr

10 % Rabatt
Bei einem Warenwert unter 50 Euro: einmalig 10 % Rabatt. Ab einem Warenwert von 50 Euro: kostenlose Kundenkarte (10 % Rabatt bei jedem weiteren Kauf). Nicht mit anderen Rabatten kombinierbar!

GÜLTIG BIS 31.12.2015

✂

Stockwerk für Stockwerk kann man das Geburtshaus Johann Wolfgang Goethes erkunden und Raum für Raum tiefer in das Leben des Dichters eintauchen, der hier „mit dem Glockenschlage zwölf" das Licht der Welt erblickte.

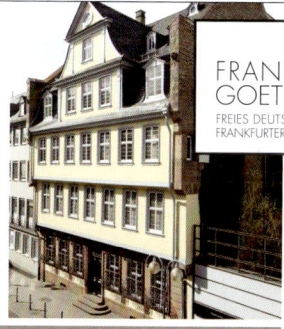

FRANKFURTER GOETHE-HAUS
FREIES DEUTSCHES HOCHSTIFT
FRANKFURTER GOETHE-MUSEUM

Frankfurter Goethe-Haus und Goethe-Museum · Freies Deutsches Hochstift
Großer Hirschgraben 23-25 · 60311 Frankfurt am Main
Tel.: 069-138800 · www.goethehaus-frankfurt.de

2 für 1 Gutschein
Beim Kauf einer Eintrittskarte erhalten Sie die zweite (günstiger o. wertgleich) gratis.

Wert: bis zu 7 €
GÜLTIG BIS 31.12.2015

Viel Spaß beim Einlösen der Gutscheine!

Orts- und Stichwortregister